健康心灵胜过优异成绩

心理专家教给我们做“阳光孩子”

本书编写组

“问题孩子”是所有孩子的镜子，他们的言行可以映照出所有孩子的问题。
孩子的问题，根源在于父母不了解孩子的内心世界。
这本书帮助孩子与父母彼此了解。

法律出版社
LAW PRESS · CHINA

作者简介

陈　华

中国人民大学附属中学校内副校长兼心理教研与咨询中心主任。多年从事中小学生心理咨询工作，对当前中小学生的心理状况和心理健康教育有着深入的了解和独到的见解，积累了大量的心理咨询案例，形成了独特的心理咨询风格。

李　婕

中国人民大学附属中学高级教师、北师大心理硕士、德国艾瑞克森催眠心理治疗师。北京市唯一一位心理学科带头人；北京市骨干教师；北京市海淀区心理学科带头人，骨干教师；北京市学校心理学会常务理事；北京市教育心理学会常务理事；北京市校长培训、骨干教师培训、骨干班主任培训专家组成员；北京市心理健康教师资格考试专家；联合国儿基会同伴教育组织优秀教师；中国教育部教育科研优秀教师；中国人力资源和社会保障部高级心理咨询师督导。

万秋实

中国人民大学附属中学心理教师、心理咨询师，中学一级教师，北京心理卫生协会学校心理卫生委员会常务委员。编写的中学生心理健康教材《男生女生》2010 年由中国人民大学出版社出版，该教材被海淀区授予校本课程开发创新奖。

杨素梅

北方交通大学附属中学心理教师，获得心理咨询师国家二级资格证书。一直致力中小学生的心理健康和青春期健康教育工作和研究；所撰写的《“青春期教育”引发的话题与思考》等论文在海淀区、北京市及全国获奖；承担教育部“生态体验培养健康人格的德育模式研究”等重点课题研究。

张雅萱

国家二级心理咨询师。从事心理咨询工作 10 余年，主要工作对象是在校大学生、监狱服刑人员以及不同类型的家庭。经过多年的学习和实践，对青少年心理发展、大学生心理健康教育都有着深刻的研究和体会；通过上千例的咨询案例，对亲子关系、家庭治疗以及服刑人员的心理矫治工作有着丰富的经验。

周　婷

教育学硕士、青少年发展心理教育与临床咨询（心理咨询师三级）。在人大附中分校心理教研组组长、心理教师的岗位上，主要负责心理课程的设计与教授；一线个案心理咨询；以及团体心理活动的策划与实施等工作。研究方向包括：体验式教学在心理课程中的运用、青少年的家庭结构关系对青少年发展的影响、青少年的沟通方式、抗逆力理论在实际中的运用、青春期阶段青少年的需要。

序

问题孩子是所有孩子的一面镜子

如同身体成长需要通过食物摄取物质养分一样，心灵成长也需要摄取精神养分。在孩子的成长过程中，给他们提供适量的精神养分，被心理学家称为“心理抚育”。

“心理抚育”缺失，已成为一个不容忽视的社会问题。

那些在行为上偏离了正常轨道的孩子，问题的根源都在心理方面。用心理问题专家、中国人民公安大学教授李玫瑾的话说，“大部分成年人的极端行为都可以追溯到其早期心理经历，人的心理问题则与其6岁前的教育有很大关系”。

这样的理论，按说是个常识，实际却带有“奢侈品”的味道。

在现实生活中，上一代父母苦苦奋斗，终极目标是一家老小的温饱；二十世纪五六十年代出生的这一代为人父母者中，有一个庞大的进城务工者群体——他们的孩子或者是处于骨肉分离状态的“留守儿童”，或者是随父母漂泊在城市边缘的“无根儿童”——他们的奋斗目标，是让孩子在城市里扎根。

对这两代父母来说，生存都是第一要务。换句话说，他们无暇,也没有相关常识对孩子进行心理抚育。更为严重的是,为数不少的家庭连一个和谐的成长环境也无法给孩子提供。比如,夫妻离异的单亲家庭、父母有暴力倾向的家庭;有相当数量的父母,把自己未能实现的理想强加在了孩子身上……

换一个角度看,80后、90后甚至00后的孩子的成长环境和父母那代人有很大不同。一方面,他们缺乏父母那一代人因生活磨炼而产生的抗压力和抗挫折能力;另一方面,身为独生子女的他们缺乏同龄兄弟姐妹抱团取暖式的“心理按摩”条件。

在上述背景下,为数不少的孩子到网络世界寻求精神慰藉并因此染上了网瘾。他们当中的一些孩子,为满足网瘾而走上盗窃、抢劫甚至杀人的歧途;也有一些孩子,混迹于“问题孩子”群中,染上不良习惯甚至落入了团伙犯罪的泥潭。对这些孩子来说,一次罪错,往往毁了一个人的一生,与此同时也在社会的土壤里栽种下一颗不安定的种子。

一个不容回避的事实是,每个铁窗内的青少年都有心理问题,且都与父母“教育不当”或“养而不教”有关。换句话说,问题出在孩子身上,根源却得从父母那里或者孩子的成长环境中去找。

找出所有类型“问题孩子”的心理问题,是一项难度很高的工作,甚至可以说是一项使命。因为它要求完成这项工作的人是心理方面的专家,更重要的是他们在相关工作中要具备面对面地接触大量“问题孩子”的条件。这样的使命,落在了一支心理专家团队的肩头。

为了探究“问题少年”背后的父母问题,《法律与生活》杂志在北京市高级人民法院和在未成年人心理教育与咨询方面颇有建树的人民大学附中和北方交通大学附中心理学教师团队之间搭建了一座桥梁。踏着这座“桥”，心理专家们走进了北京市各级法院的少年法庭，坐在了法院专门为他们开设的心理专家席位上。在整整三年时间内，这支心理专家团队通过聆听35个个案的庭审并和涉案青少年面对面交流，找出了所有类型“问题孩子”的心理问题。

这些问题，每个孩子都会遇到。

在每个孩子都绕不开的“青春期”，每个孩子“都面对着生理上、社交上和情感上的挑战”，他们“不想再受父母控制却依然需要父母的爱”、“既渴望标新立异又渴望同伴认同”……面对急剧的生理和社会角色的变化，孩子们的内心甚至会处于一种“一时找不到自己”的混乱状态中；在“性心理”教育方面，大多数父母无所作为，结果导致很多“性侵”悲剧；在“心理抚育”方面，中国的父母有个通病，就是“用别的孩子之长来比自己孩子之短”，结果是将孩子推向自己期望的反面。其实，“孩子往往是透过父母的眼睛来看自己的，如果父母觉得他好，他就觉得自己很不错，如果父母表现出对孩子的不悦，或拿自己的孩子与别人比较，孩子通常对自己不甚满意”……除此之外，孩子的成长过程中，会面对很多“误区”，这些“误区”需要父母和孩子一一绕行。

一句话，“问题孩子”如同一面镜子，通过这面镜子映照出的所有问题，那些“好孩子”一样会遇到。更何况，“坏孩子”并非天生的，他们由“好孩子”转化而来。

如果没有发生“八刀夺人性命”的事情，药家鑫也是个“好孩子”——他形象俊朗、修长的手指下流淌着美丽的音符，尚在读大学就已经成为他人的钢琴老师。在药家鑫被执行死刑后，他的父母几天几夜不睡觉，来反思自己的教育问题出在哪里。回想到儿子在法庭受审时说的“为了练琴挨打”、“被关在地下室一个多月，看不到希望，想自杀……”等话，他的父亲意识到自己平时管教孩子“过于严厉”，“父子错失了交流的机会”。这种严厉教育往往能够催生学业上的成果，但是孩子很难从中学会如何承担责任。也正是因为这种“严厉”，导致发生车祸后，药家鑫选择了逃避责任——逃避的方式是杀人灭口。用药庆卫的话说：“我平时管教孩子过于严厉，令孩子在犯错之后害怕面对，不懂处理，最终酿成大罪。”

药家鑫的遭遇，印证了李玫瑾教授的一个观点：“父母要了解孩子的心理，否则，父母的一切努力都会成为泡影。”

本书作者——心理专家团队，耗费三年时间记录下35个“问题孩子”的问题、“找出病因”、“开出药方”，正是为了让更多的父母明白，孩子拥有一颗健康心灵胜过拥有一份优异成绩单。

李秀平

《法律与生活》杂志主编

目录

♡第一编　青春期

多次的分离焦虑，会给孩子造成严重的心灵创伤。

从体育特长生到电脑尖子生，他的求学路并不坎坷，可这位花季少年偏偏迷恋上迪厅的灯红酒绿并步入了行骗歧途。心理专家告诉我们：家庭对一个人的影响是巨大的，在家长不履行引导角色的时候，他们的角色就会由朋友、同学，甚至是犯罪分子取代。

他因为一部高档手机而在校内“闻名”，出名的结果是手机被抢。虽然抢劫者受到法律的惩罚，他却走不出受害的阴影。心理专家告诉我们：他走不出心理阴影的深层次原因是，父母对他的精神关爱太少，以至于他在潜意识中缺乏安全感。一旦有事情发生，不安全感就会爆发出来。

从15岁到17岁，他三次被捕。刚满18岁的他，再一次因盗窃站在被告席上。心理专家告诉我们：在第一次偷窃的时候，他就知道这样做是错的。他“迎错而上”，是为了得到父母的原谅和接纳，甚至在潜意识里渴望父母因此改变对自己的态度。

他被法警带来时，他的父亲后退了一步，而他的眼神也总是刻意地远离父亲。心理专家告诉我们：孩子在成长过程中需要安全感。一方面是“吃饱、穿暖、身体健康、人身安全不受侵害”等生理方面的安全；另一方面是更为重要的心理安全，包括随时随刻能感受到他人的爱、真实的鼓励、及时的保护……只有觉得安全了，才会放心去长大。

第一编

青春期

青春期,是孩子人生中最重要的转折期。

向左,就走向正途;向右,就可能滑入泥潭。

No.1 心灵对话:冲冠一怒为红颜

——青春期情感如何靠父母平衡

[引言]

交往半年的女朋友遭遇陌生男孩骚扰,身为男朋友的他于气愤之中决定挺身而出。在一场暴力冲突中,他向"情敌"连砍两刀。他把伤者送进医院的同时,也把自己送上了法庭。

心理专家告诉我们:在青春期,每一个孩子都面对着生理上的、社交上的和情感上的挑战。他们面对的情感起伏和转向改变,只有依靠父母才能保持情感的平衡。

非常故事

不能让她和我在一起的时候受欺负

杨涛(化名)今年17岁,个子不高,看上去是一个很老实的孩子。在和我们谈话的时候,他一直低着头,并且说话的声音很轻,鲜有语气的变化。

杨涛在2007年初中毕业后考入了一所技校,经初中同学介绍,他认识了在丰台一所职高上学的女孩叶晴(化名)。杨涛在此之前曾经交过一个女朋友,但对方对他爱搭不理,于是他们分手了。叶晴与杨涛的前女友不同,她特别热情,两人在一起玩儿过几次之后,杨涛对这个女孩产生了好感,于是他们确定了男女朋友关系。

杨涛与叶晴交友半年后的一天，叶晴突然告诉杨涛说有一个男孩小A最近经常骚扰她，先是短信和电话，后来干脆开始拉拉扯扯。叶晴还告诉杨涛，她起初只是拒绝那个男孩，后来他们开始短信互骂，这事还连累了她的好朋友。现在矛盾激化了，那个男孩要约她见面"聊聊"。

听到叶晴的话，杨涛顿时火冒三丈。自己的女朋友遭到别人的骚扰，如果自己无动于衷、忍气吞声，那他还是个男人吗？杨涛越想越生气，慢慢失去了理性。他既没有问叶晴是怎样认识这个小A的，也没有打听这个小A为什么会对她进行骚扰。他说："仅仅是知道结果，就够让人气愤的了。"

于是杨涛按照叶晴提供的号码，立刻拨通了小A的电话，他厉声要求小A停止对叶晴的骚扰并向叶晴道歉。令他没想到的是，小A不但不道歉，而且态度还十分恶劣，甚至挑衅地说："你有本事就过来找我练练，看谁能拼过谁！"

本来就怒不可遏的杨涛在听到这样挑衅的话之后，更是火冒三丈，他转过头看了看站在一旁的叶晴，心想决不能让她和我在一起的时候受欺负！于是他就和这个陌生男孩约好了时间和地点，准备为女朋友也为自己争回尊严。

2008年1月11日，杨涛一行16人按照事先的约定与小A会面。在出发之前，杨涛特意在身上藏了一把刀。在被问到为什么会带刀时，杨涛说只是为了防身，"去他的学校，要做些防备。刀好用一点，万一打不过他，就用刀防身"。但是，杨涛没有想到，正是因为这把"防身"的刀，酿成了最终的恶果。

小A也不是等闲之辈，他也约了一伙人给自己撑腰，一见到杨涛就开始骂骂咧咧。杨涛原本想见到小A后先谈判，谈判不成再动手。但是见到小A如此出言不逊、蛮不讲理，而且根本不把他们这伙人放在眼里，愤怒渐渐变成了仇恨，杨涛被彻底激怒了。

没等其他人动手，杨涛就第一个冲到小A的跟前，拿出那把事先备好的刀向对方肩部砍去……两刀砍下去之后，小A扑通一声瘫坐在地上，鲜血从他身上淌了下来。四下里也瞬间安静了下来，没有了谩骂声，没有了吵闹声，甚至没有了呼吸的声音。

杨涛吓坏了,他的心跳加快,一下子不知该如何是好。叶晴见状也吓傻了,一个劲儿地问他:“怎么办? 怎么办?”杨涛的脑中也是一片空白,片刻之后,他只有一个念头闪过:跑!

两天后,警察就找到了杨涛所在的学校。杨涛被刑事拘留。

这是杨涛第一次进公安局,也是第一次进法院。我问他觉得自己这样做值不值?“说值也值,说不值也不值”,杨涛这样回答:“值是因为她(叶晴)跟我一起没受欺负,不值是因为把自己的前途毁了,既不能上学,以后也不容易找工作了,因为有了犯罪前科。”

说到现在对叶晴是什么感觉的时候,杨涛自己都很含糊,不知道以后两个人还会不会在一起。但他坚持认为作为男朋友,他理应肩负起保护自己女朋友的责任,不能让她和自己在一起的时候受欺负。如果她再找别的男朋友,那就变成了别人的事,但现在他有责任去保护她。所以虽然当时女朋友并没有要求他去赴约,他还是毅然决然地去了。

杨涛被法警带走后,我见到了他的父亲。这是一个朴实的农民,他一早就来到法院,为受害方小 A 送医疗费,更期望能与儿子见上一面,但由于没有提前沟通,错过了见面的时间。得知儿子已经被送走,他叹了口气,没有过多地说话。

这是一位不善言谈但心地善良的父亲,他简单地介绍了家里的情况。在父亲眼里,杨涛从小到大一直是一个很懂事的孩子,学习也不错,但是在杨涛上初中的时候,母亲生病做了手术,手术之后就再没有工作。父亲是司机,靠替别人开车养活全家。

祸不单行,2006 年,父亲开车出了交通事故,撞死一人,撞伤一人。医疗费、丧葬费是一个不小的数目,到现在还在借钱赔偿。在这次事故之后,家里的经济更加拮据,“一分钱恨不得掰成两半儿花”。从前杨涛的零花钱一直很充足,但在事故之后基本上没有了。父亲认为儿子出了这样的事,主要是因为经济的原因,不仅是父母有压力,孩子也有压力,家里气氛凝重,有时全家围坐吃一顿饭,一句话都不讲,杨涛的学习成绩直线下降，也不思进取了。“他在给他同学发短信时说，我们家也就这样了，破罐子破摔了。”父亲从儿子同学口中知道短信内容时，心里十分难受。

考入技校后，杨涛就更少与父母交流了。得知杨涛伤人，他们夫妇十分意外，更让这个家庭雪上加霜，他们四处借钱，积极赔偿。

专家剖析

当躁动的青春遭遇家庭的变故

进入青春期的孩子开始关注异性，渴望有情感的经历，不论在别人看来这份感情是多么的肤浅和脆弱，但对于青少年来说是非常真实和重要的，他们会为了自己想象中的“爱情”不顾一切。

杨涛就是这样的，当我问他：“你喜欢叶晴的哪些方面？”他说：“不清楚，就是觉得她挺好的。”我问：“她在等你出来吗？现在她心情怎样？”他说：“不知道，进来后一直没有她的消息。”

看起来，他们之间的感情还没有深厚到他要如此奋不顾身的程度，而打架斗殴、用武力解决问题也不是杨涛的习惯，甚至在此之前他没有和别人动过手，若不是同学提醒，他不会想到要带一把刀防身。

但是，在躁动的青春期，理性与非理性的冲突十分激烈，两种势均力敌的力量纠缠在一起，控制着青少年的言语和行动，当非理性的一面占据决定性地位的时刻，他们会忘记理智、规则和责任，可能导致灾难性的行为。

在青春期这个独特的时期，每一个孩子都面对着生理上的、社交上的和情感上的挑战，他们面对着情感的起伏不定和转向改变，只有依靠父母才能保持情感的平衡，也许青少年会对此否认，但事实确实如此。父母的关注、接纳与爱能使孩子保持情感上的平静、稳定和坚强。

遗憾的是,杨涛在青春期时却先后经历了母亲生病住院和父亲交通肇事两个重大事件,不但家庭的经济状况大受影响,连家庭氛围也发生了变化。父母整日愁眉不展,在生活上对杨涛也疏于照顾,疲惫的他们对孩子的关注点只有一个,用杨涛的话说:“只是看我学习成绩。”

在杨涛的印象里,家里出事后,父母从来没有表扬过自己。我问他:“在家里出了这些事以后,你希望能为父母做点儿什么吗?”他依旧是低着头,没有什么表情地说:“他们根本不让我问这件事,我一提,他们就说,你别管那么多,好好学习就行了!”他们用这样的方式将杨涛排挤在这些家庭事件之外,也许他们是为了保护孩子,但实际上他们错失了一次让孩子成长和为家庭分忧的机会,也拒绝了孩子向他的父母表达爱的机会。

每一个灾难后面都有一份礼物,而在这次挫折中,他们都只留下了伤害。面对父母的沉闷与忙碌,杨涛无法得到他渴望的温暖;面对家庭的困难和意外,杨涛无法表达他内心强烈的情感。朋友成为他情感的填补,保护女友成为表现责任感的出口。青春的浮躁与冲动,内心的无奈和压抑,在与小A的冲突中愤怒地爆发了,让杨涛付出了代价,也让他真正变得成熟。

在与杨涛告别的时候,我表达了对他鼓励和祝福,从他的眼光中我看到了希望。(文/万秋实)

本案主审法官手记

在受理本案后第一次与杨涛的谈话时,他一言不发,尤其是看到自己的父亲为自己的犯罪如此焦虑时更是深深地低下头。从他的眼睛里,我看到的不仅是后悔,而且还有对将来人生的无望。我想对一个花季少年来说最可怕的莫过于对生活失去了信心。为此,我为杨涛联系了心理辅导专家进行庭前心理辅导,希望让他能够敞开心扉，正视这次审判，并通过此事重新找准人生的航向。

通过心理专家的疏导，杨涛的情绪大有好转，在法庭审理过程中认罪、悔罪，积极配合审判。在法院的主持下，杨涛的家长在家庭负债累累的情况下，多方筹措资金，与被害人达成即时履行的赔偿协议，使被害人的经济损失得到及时足额的赔偿。鉴于杨涛犯罪时未成年，积极赔偿被害人的经济损失，且认罪态度较好，法院以故意伤害罪判处杨涛拘役五个月。

宣判后，杨涛及其家长均表示服判，不上诉。杨涛还表示要树立对生活的信心，勇于承担家庭的责任，绝不再犯罪。

No.2 心灵对话:网聊中迷失的花季少女

——青春期需要“生命教育”

［引言］

17岁的少女妈妈摔死了自己的骨肉,却“没有觉得那是一条生命”。

心理专家告诉我们:正值花季的少女妈妈冬雪,处于青春期的中段(14岁至18岁)。她的犯罪心理有着明显的青春期少女的心理特点:“生理发育日趋成熟与心理发育滞后的矛盾越来越显著。”她没有受过生命教育,不懂得法律,不知道自己是在用更大的错误甚至是犯罪来掩盖前面的错误(怀孕)。

非常故事

她亲手扼杀了一个新生命

白净的脸庞、齐眉的刘海、中等的个头,若不是手上戴着手铐、穿着囚服,眼前的冬雪(化名)和其他17岁的中学生没什么不同。然而,正是这位看上去乖巧、声音轻柔的职高女生,亲手杀死了自己刚出生的骨肉。

北京市第一中级人民法院少年法庭的周军法官对触犯刑法的冬雪深感惋惜,“希望她能认识到青少年未婚怀孕是错误的,杀死刚出生的婴儿更是犯罪。事已发生,希望她能好好改造,着眼未来”。

生于河北的冬雪原本有一个幸福的家庭，一家四口从农村来到城市，爸爸在亲戚的物流公司做司机，妈妈照顾家，冬雪在一所职业高中就读计算机专业，弟弟在另一所中学学习。姐弟二人平时都住校，周末才回家。不爱读书的冬雪常常和同学一起逃课，多数时间泡在网吧里聊天。

2008年年底，冬雪在网上认识一个保定男孩。“我们在网上聊得很开心，我们聊过视频，他长得挺帅的，我很喜欢他。”回忆起保定男孩，冬雪很平静，似乎在述说别人的故事。“他对我很了解也很体贴，我说一些学校和家里的烦心事，他能理解，还会安慰我。我们每天都上网聊天，他成了我的男朋友。12月初，他让我去见他，我就偷偷从学校逃课坐火车去找他了。我很想见到他。”

“因为我住校，爸爸妈妈都不知道此事。到了保定，一起吃完饭，我就随他去了旅店。当时我很愿意和他在一起。回家后，我们在网上聊过一两次，他突然无缘无故地提出分手，之后我们就再也没见面，我也联系不上他了。”冬雪轻轻地叹口气，眼圈开始泛红。“当时我很难过，但也没有办法。慢慢地就好了，我初二时有过男朋友，后来分手了，爸妈都不知道。”冬雪就这样将这段经历深埋心底。

然而，就在冬雪想忘记这段经历时，她突然发现自己怀孕了。“元旦过后我觉得身体不舒服，恶心呕吐。一开始以为是胃的问题，吃点胃药也不见好转。以前因减肥不吃饭也曾胃疼呕吐过，所以妈妈也没在意。后来我发现例假也不来了，就悄悄去买了试纸，这才知道自己怀孕了。因此，我不想上学了，爸爸妈妈也同意了，这样也能省学费。寒假之后，我就没再去学校。”冬雪生理的变化，并没有引起天天住在一起的妈妈的觉察。只顾生存的母亲过于信任自己的女儿，一相情愿地认为女儿除了不爱读书，其他方面都很好。

2009年春节过后，冬雪随邻居的女儿到北京打工，他们租住在一个两居室里。冬雪身体的变化也曾引起邻居的注意，但她以“胖了”蒙骗过去。“我没有想过去医院做人工流产，也没想求助过别人，更没有觉得这是一条生命，只觉得是麻烦，很怕别人知道，只想自己悄悄摆平。”自己还是个孩子的冬雪天真地以为自己可以“摆平”。

“那天疼了一夜,非常疼,我只能强忍着。第二天,等别人都离开后,我就一直呆在卫生间。我流了很多血,疼得麻木了,一直忍着。”痛苦的回忆让冬雪泪流不止,一张张面巾纸被泪水湿透,在冬雪的手里揉成一团,她不断地揉搓着。“卫生间有剪刀,我自己剪断脐带后将婴儿从卫生间窗口推了出去。我什么也没想,只想摆平此事,希望不要被人发现。”

然而现实是残酷的,小区的居民很快发现了被摔下来的婴儿。当警察查到冬雪的住处时,冬雪面色惨白,自知无法隐瞒,只好如实说出。

“出事之后,妈妈来看过我两次,爸爸和弟弟都没有来。”一提到妈妈,冬雪眼泪又一次涌出来,泣不成声。内心复杂的情绪或许只有眼泪才能表达。

对于将来,冬雪还是勇于面对的。“我现在已明白这是犯罪了,我会好好改造,好好学习法律,做个懂法的人。将来我会学个技术,有一技之长。希望其他人能吸取我的教训,虽然在网上聊天很开心,但不要盲目轻信他人,特别是女生,更不能轻易和他人发生关系。否则自食其果。”

专家剖析

处于青春期中段的少女

正值花季的冬雪,处于青春期的中段(14 岁至 18 岁)。她的犯罪心理有着明显的青春期少女的心理特点:生理发育日趋成熟与心理发育滞后的矛盾越来越显著。

青春期中段的少女,生理上发生明显变化,生理机能的增强,脑垂体等激素的分泌,致使神经系统的兴奋与抑制过程不稳定,再加上性发育成熟,意识到两性的差别,因此,产生对异性的特殊的好感和好奇心,甚至轻易冒险尝试。而心理方面的发育、成熟却相对滞后。冬雪没有从学校和家庭得到这方面的教育。冬雪长期住校,家长以为把孩子送到学校就是送进了保险箱,就没有自己的事了。这样致使冬雪在家庭教育方面非常薄弱，甚至是被忽略。然而，学校的教育和管理也相对松散，冬雪离开学校只身前往保定，彻夜未归，学校和家长竟然无人察觉。没有关注，更谈不上正确引导。

读职业高中的冬雪，逆反心理更加严重，存在典型的青春期特点。班主任注意到冬雪厌学、逃学，并告知了家长。然而，家长的教育很简单，也很软弱无力。他们只是说说，批评几句，更关心的是学费。家长没有和学校形成合力，不能及时有效地改变冬雪的行为，更不懂得做冬雪的心理工作。而恰恰因为心理问题得不到解决，冬雪从网聊中寻找安慰。青春期性成熟的冲动，渴望理解、不平衡躁动而又寂寞的心灵，被陌生的异性同龄人几句花言巧语就轻易地打动了，并义无反顾地奉献了自己的身心。

冬雪的认知偏差不断凸现出来。思维片面、偏激、分不清是非，难以找到正确的宣泄方式和途径，心甘情愿上当受骗。她不能正确分析自己厌学、逃学问题；不能全面看待、理性分析老师家长对她逃学的态度和批评；不能正确看待自己对异性的好奇好感，青春期情感的萌动；不能正确分析判断网上聊天对象的言谈……一相情愿地以为虚拟的网上聊天的对象所言真实可信。所以，保定男孩的一声呼唤，冬雪就心甘情愿甚至充满柔情蜜意地想尽办法独自一人前往完全陌生的城市，投入完全不了解的男孩的怀抱，她以为这就是爱情。没想到回校几天之后，保定男孩消失了。一年之后她身心受伤，后悔晚矣！

青春期中段的冬雪由于腺体发育还不完全成熟，尤其是脑垂下腺还不成熟，因此兴奋性高，情绪波动大，心境不易持久。再加上意志品质尚未发展成熟，自我控制力欠缺，所以，她不能有效地控制自己的激情与冲动，导致她与保定男孩发生性行为。同时，过于开放的观念，缺乏正确的性道德教育和性知识教育，更不懂得自我保护，致使冬雪放肆地追求性刺激，因而意外怀孕。

然而，造成冬雪一步步走向犯罪的更大的原因是家庭教育的缺失，家长特别是母亲的疏忽。冬雪的父母忙于生济，他们更关注经济的得失。冬雪和母亲朝夕相处一个多月，母亲对冬雪恶心、呕吐等症状没有深究，完全不知道女儿已停经两个月。冬雪提出退学,父母轻易地同意了,认为可以节省学费。同时,他们还让未成年的女儿只身到北京打工。虽然有邻居帮带着,但对于17岁的冬雪来说,北京是一个相当陌生的环境。

17岁,自己还未成年的冬雪,对生命不懂得尊重、敬畏,她甚至不知道自己生的孩子也拥有生存的权利。冬雪没有受过生命教育,不懂得法律,天真的她不知道自己是在用更大的错误甚至是犯罪来掩盖前面的错误。在怀孕的近十个月的时间里,她不懂求助,也不想去求助,只是简单地以为靠自己就可以“摆平”。最终,她将自己“摆”入监狱。

父母不仅是孩子的第一任老师,也是孩子从青春期走向成熟的导师。希望每一位家长都能和孩子一起成长,做合格的家长。希望这样的悲剧不要再重演。希望冬雪早日融化,迎来春花烂漫的春天。(文/李婕)

No.3 心灵对话：懵懂的少年，鲁莽的青春

——"过度保护"会导致任性妄为

[引言]

这个孩子的行为和动机令人费解和震惊：一个16岁的少年，在光天化日下只身去抢银行！其动机竟是"通过抢劫体验当英雄的滋味儿"。

心理专家告诉我们：爱，是要有原则的。有些家长长期对孩子过度保护恰恰让孩子失去了一个最重要的能力，即对"行为规范"和"行为后果"的认知能力。一个在没有规则约束的环境中长大的孩子，从小任性恣意的行为后果要由父母代为"善后"。

非常故事

从心灵刺激到法律底线

端坐在我面前的寒冬（化名），身材挺拔，相貌帅气，一脸的单纯和稚气。他的眼睛清澈而透明，没有凶残狡黠，没有世故忧愁，神情里透出委屈和恐惧。他说话的音量很小，表情羞怯而略显紧张，他有些茫然却又带着某种期待似地望着我，似乎在探询我和他谈话的目的。显然这一切对他来说都是没经历过的。

从被抓的那天到现在，已经近半年的时间了，被带来带去地审讯，寒冬机械性地重复着自己犯罪的过程。此刻的他眼神中透出一种强烈的渴望，仿佛期待某个人能

够立刻带他走出高墙，重获自由。在被抓之前，他一直以为自己只不过犯了一个可以原谅的错误，就像小孩子打碎了饭馆的一个杯子一样，只要大人赔点钱就可以摆平。

寒冬的故事并不复杂，但发人深省。

2009 年 4 月的一天，在北京某个高尔夫球场做球童的他突发奇想，很想体验一下抢银行的滋味儿，在他的想像中，那种刺激应该是很过瘾的，还能当一回某些网络游戏里的“英雄”。长期酷爱网络游戏的他，每天除了上班的时间几乎都沉溺在网络游戏当中。

“我喜欢暴力性的游戏，只要一玩起来就忘了白天的不愉快，这些刺激让我很兴奋，向往自己也能像游戏中的英雄一样，做点惊天动地的事。”说到这里寒冬眼里透出向往的光亮，他继续讲述：“慢慢地，游戏的刺激已经不能满足我，我的脑子里总是出现港台片里的打打杀杀的场景，我觉得特别过瘾。”

在“过瘾”的刺激下，寒冬买了一把尖刀和一把塑料仿真手枪，在一天下午，他走进了银行。看到柜台前只有一位中年妇女办理业务，寒冬快速上前搂住这个妇女的脖子用刀挟持她，并冲里面的工作人员大喊：“把钱拿出来！”拿着抢来的 14 万元钱，寒冬兴奋地跑出了银行，但还没跑多远就被警察抓住了。

就这样，为了实现自己成为“英雄”的梦想，寒冬轻易地改写了自己的人生，并将为此付出巨大的代价。

专家剖析

谁为青春的鲁莽埋单？

寒冬出生在河北的一个小县城，是家里的独生子。父母以务农为主，家境并不富裕，但全家视他为掌上明珠，非常娇惯。然而过度的溺爱之心让憨厚朴实的父母丧失了对儿子教育的原则。

表面上看，孩子是案件的直接责任人，其实父母的放任才是导致今天这个结果的根本原因。这个案例值得为人父母者认真反思。

爱，是要有原则的。但有些家长往往不自觉地把娇惯孩子与疼爱孩子画上等号，长期对孩子过度地保护恰恰让孩子失去了一个最重要的能力，即对“行为规范”和“行为后果”的认知能力。

一个孩子在没有规则约束的环境中长大，从小任性恣意的行为后果不需要自己承担责任，而是由父母代为“善后”。试想，一个做事从来不需要受任何约束，并且对任何行为的后果也不需要付出代价的孩子，他怎么可能懂得做人做事的规矩？又怎么可能懂得违反规矩就会受到惩罚并付出代价的道理呢？

寒冬的父亲就是在教育方面因错误认知而导致对孩子的不负责任。当然他也只是个文化程度不高的农民，我们无从对他大加指责，但我们做父母的却往往因为自己认知的局限，让孩子吃了更大的苦头，因为总有人要为行为的后果付出代价，这是谁也逃避不了的！

出事前，寒冬在一家高尔夫球场当球童。其实，球童这个活儿也并不轻松，不仅需要悦目的外形气质，还要有足够的体力作支撑。平时工作起来很辛苦，还要经常忍受顾客的训斥。“受委屈的时候真的不想干了，但一想到一旦失去了这个工作，就失去了这么高的收入，就坚持下来了。这里的工作虽然苦，但收入还是很高的，每个月2000多块钱，让我花钱很方便。”寒冬抬起头，露出不舍的表情说道。

而对于这份工作，寒冬的父亲后悔至极。他说：“我最后悔的就是不该让孩子到这样一个充满享乐氛围的环境里去工作，应该让他去吃苦，应该让他到吃苦的环境中去锻炼锻炼。”作为父亲，到现在他也不理解儿子怎么会去抢银行？他一直认为儿子是个胆小听话的孩子，怎么能做出这么胆大的事呢？他把儿子的这种行为归结于这个环境，归结于儿子挣钱太容易不知道珍惜。然而，他却没有意识到，十几年来他给孩子的成长环境，致使孩子的个性品质中自幼缺乏做人做事的准则，缺乏约束自己的能力，缺乏担当责任的意识。而这个意志品质薄弱、心理人格均不健全的孩子，在没有完成自我成长定型的年龄,又脱离了家长的视线范围,更是信马由缰,不知深浅地奔驰,直至人仰马翻,坠入人生谷底,方才明白"原来人生必讲规则"的道理。

在和寒冬父亲交谈的过程中,这个昔日视儿子为珍宝、处处对儿子呵护备至的父亲伤心地大哭,他难以接受儿子今天的结果。他原以为自己事事处处可以替儿子遮风挡雨,可以起早贪黑为儿子忍受艰辛,可以倾其所有成全儿子的任何需要,却怎么也没想到,这个在他手掌心里自由幸福成长的孩子刚刚离开他的手掌心儿就要面临牢狱之灾,而经受这些大灾大难,却偏偏是他无法代劳的,必须由儿子独自担当。这一切,都令这个父亲痛心疾首。

从心理层面来讲,寒冬的成长环境及其父母的教育方式,完全压抑了孩子在这个年龄段所应有的自主性。直到后来做球童的工作,让他感受到自己存在的价值,每月2000多元的收入对他来说是对他能力和价值最大的肯定和奖励,也是因为突然间他拥有这种对金钱的支配权,所以也使得他能够忍受工作的辛苦和委屈,开始尝试和学习要获得就得付出,而对工作中的劳累和委屈的忍受,正是"付出"的具体表现。

青春期的孩子处在既渴望自主但又不具备完全独立能力的冲突中,这个阶段孩子一般是比较叛逆的,尤其是被约束过多的孩子,更是容易在这个阶段迸发出一些情绪的反应。对寒冬来说,父母过度的保护让他没有独立承担责任的意识,但身为农民的父母,又没有能力给他提供足够精神支撑来满足他成长期的心理需求。在寒冬内心里对自己的能力是怀疑的,但同时又有自己成长的需求,所以当被客人训斥,受到不尊重的时候,内心是有愤怒的,但这些情绪无从宣泄,只有在网上的暴力游戏中体验控制和驾驭的感觉,并从中获得兴奋和快感,慢慢地使得他误以为现实中的快感也是要通过暴力来实现的。这不仅仅是幻觉,更是这个孩子极度缺少引导和教育而导致的。

很多做父母的,只单单觉得给孩子多创造物质的条件,让孩子少吃苦,或替孩子承担本该由他们学习承担的东西,其实是剥夺了孩子成长中学习和体验的需求。大多数青少年的犯罪,其原因并非是因为他们内心有多么邪恶或道德观念差,而是他们内心还缺乏是非的判断能力，甚至根本不懂法。这在心理学上叫不懂得“边界”，一个人的行为超越了法律的边界，最终是要受到法律制裁的。所谓的制裁其实就是要为自己的行为负责。试想想，如果我们的父母懂得培养孩子的责任心，引导孩子从小就学习为自己的行为负责，还会有多少孩子以身试法呢？

在交谈中，寒冬说得最多的就是自己愧对父母，决心好好改造，将来报达父母。一个少年明白报恩的道理，本是父母早就应该对孩子完成的“家庭作业”，而有的孩子实际上却是通过看守所里的教育改造来进行“补课”，这不能不引起为人父母者的警醒和反思。（文/张雅萱）

No.4 心灵对话:他不想再做好孩子

——帮孩子度过“角色变化期”

[引言]

他是父母眼中“从不顶嘴”的好孩子,他是村里的“救火小英雄”。他因5次抢劫被抓,只为反抗母亲的“专制”。

心理专家告诉我们:面对急剧的生理和社会角色的变化,孩子的内心甚至会处于一时“找不到自己”的混乱状态之中。一般来说,处于这种“混乱”中的孩子有几种普遍的心理冲突:第一,不想再受父母控制却依然需要父母的爱;第二,有序的和混乱的思想在头脑中纠缠;第三,既渴望标新立异又渴望同伴认同。

非常故事

不为获利的抢劫

晓雨(化名)被批准逮捕时,才17岁。他个子不高,偏瘦,与人说话时显得有些胆怯。就是这个看起来没有什么攻击力的大男孩,从2009年8月到9月,先后5次驾驶摩托车进行抢劫,而且手法相同,都是以骑自行车的女性为抢劫对象,发现有把包放在车筐里的,就尾随寻找机会,得手后驾驶摩托车快速逃跑。

当民警抓到晓雨时,他不仅很“痛快”地交待了犯罪经过,而且交出了抢来的钱物，民警根据包内工作证件及手机联系到失主，发还了赃物。民警通过与被害人核实，除了少部分现金丢失，包中的物品一件没少。

是晓雨没来得及处理赃物，还是他根本就不是见财起意？我很想从晓雨那里得到答案。“你是不是缺钱用？”我问他，他摇了摇头。被抓捕前，晓雨在河北省某煤矿工作，虽然只有17岁，但他已经可以熟练地驾驶翻斗车，每月工资1000多元，在当地算是“高薪”了。而且，晓雨没有什么不良爱好，不吸烟、不喝酒、不玩网络游戏，也不喜欢买衣服，矿上又供吃供住，根本没有什么花销。晓雨说他每个月的工资几乎都给了父母，自己余留的钱足够花了。

最初，晓雨说他自己也不清楚当时为什么会做那样的事，之后，他极力将头埋在胸前，沉默了许久，再抬起头时，我看到他脸上的泪痕。“我真不知道会是这样，下周宣判……”他说话的声音很小，我尽力地听他诉说。

晓雨出生在河北农村，从小学到初中成绩一直不错，用他自己的话说是“玩着学习的”。每到农忙时节，每天放学回家和假期，他都会帮着父母干农活。在成长记忆中，让晓雨最难忘的就是一次救火行动，说起来颇为自豪。那年，晓雨读初二，他路过离家很近的村委会时，发现里面着了火，他奋不顾身地冲进去救火。最后，村委会授予他“小英雄”的荣誉称号，那一年，他们家还被村里评为“五好家庭”。

晓雨说，他的父亲憨厚朴实，母亲勤快爽朗。一家三口，妈妈是主心骨，“想得快、说得快、做得快”，所以晓雨和爸爸就很自然地服从于她。从小到大都是如此，晓雨也习惯了。晓雨初中毕业的时候，妈妈不再让他读高中了，而是让他去附近的煤矿做临时工，因为他家有位亲戚在矿上工作，可以帮晓雨联系去学开车，然后在煤矿当司机。晓雨极其想继续上学，但是妈妈决定了的事，自己无力反对，另外，学开车也很有吸引力，晓雨又一次顺其自然地服从了。

2009年春节过后，晓雨正式上岗，如愿地开上了翻斗车，可以赚钱养家了。也是在这时，别人给晓雨介绍了同村的一个女孩，在他眼中，女孩开朗活泼，他一见钟情，并开始了甜蜜的初恋。两个人交往了几个月后，晓雨将此事告诉了妈妈，他以为妈妈会很高兴,没想到妈妈很反对,而反对的原因让晓雨无法接受,“我妈觉得她长得不好看”。“那爸爸的意见是怎样的?”我问道。“我爸……他不说什么的,我妈说不行那就不行了!”晓雨好像觉得我问的问题特别没有必要,因为他的父亲也是听他母亲的话的。

因为母亲的极力反对,晓雨的初恋结束了。在农村,民风比较朴实,晓雨说他跟女孩交往了一段时间又分手,他心里很难受,感觉对不起女孩,压力很大。但是,他还是服从了母亲的意愿。

一个月之后,他第一次抢劫……

专家剖析

压抑情绪的爆发

几乎所有认识晓雨的人都认为他是个听话、懂事的孩子。在妈妈眼里,晓雨长这么大从没和大人顶过嘴,难道晓雨就没有过与妈妈意见相左的时候吗?当然不是,在与晓雨短暂的交流中,我至少看到两件他不情愿的事——放弃学业和结束初恋。特别是与女友分手的事,让晓雨感到非常不快和失落。

虽然晓雨已经是个 17 岁的大男孩,但他在处理自己的失望情绪方面的确还像个小孩子。他没有学会与妈妈沟通,更不可能谈判;他没有这样的勇气,也没有一个可以效仿的榜样,他爸爸也许比他更压抑自己的情绪。

正值青春期的晓雨,面对急剧的生理和社会角色的变化,他的内心甚至会处于一时“找不到自己”的混乱状态之中。一般来说,处于这种“混乱”中的孩子会有几种普遍的心理冲突:

第一,不想再受父母控制却依然需要父母的爱。十几岁的孩子都在渴望独立,正处于这个时期的晓雨,虽然已经工作了,甚至可以养家了,但却无法获得个人的自由,无法按照自己的意愿去生活。并且从父亲的人生轨迹来看，似乎是永远没有这种可能，对妈妈的爱的渴望，使他害怕违抗妈妈的意愿，这让他感觉非常失望和无奈。

第二，有序的和混乱的思想在头脑中纠缠。有序的一面表现为，热心地就社会规则进行剖析和争论，明显地表现出对于理性、逻辑和清晰的尊重；而混乱的一面更为明显，喜欢去挑战社会或家庭的规则，漠视理智、规则和责任，甚至故意挑衅，这种挑衅甚至可能是不计后果的灾难性的行为。

第三，既渴望标新立异又渴望同伴认同。大多数的青少年渴望被同龄团体认同，在这个心理缺乏保障的时期，一个同伴的认可是非常大的安慰。晓雨的女友给了晓雨很多积极的评价和影响，但是晓雨妈妈的强加阻拦，使得晓雨在心理上面临了一个无法应付的困境，他通过抢劫来刺激自己、宣泄不满。当然，这并不是晓雨意识层面的思考，但是从感觉上，这样做可以让他暂时地忘记压力和痛苦，似乎也可以证明自己是能控制一些事的。

近两年，我接触了许多触犯法律的青少年，我发现在他们中间因严重心理疾病或严重行为习惯而导致的犯罪很少，大多是青春期心理冲突、同伴压力或家庭教育不当而造成的一时冲动的结果，而且几乎是每个孩子都对自己的行为感到非常痛悔，也对自己生命中有了这样一段不光彩的历史而感到担忧。他们需要心理的安慰与辅导。

同时，我也很欣喜地看到，少年法庭的法官们对孩子内心世界的关注，他们会到孩子所就读的学校、家庭所在的居委会全面地了解孩子的情况，在向我介绍案情的时候总是就事论事，对孩子本身有许多积极正面的评价。孩子的内心通常是敏感的，他们感受到这份宝贵的接纳，便会向法官敞开心扉，当孩子的心门打开时，才会有真正的改变。希望这些孩子以这种不同寻常的方式得以成长，在挫折中更加自立自强。（文/万秋实）

No.5 心灵对话:自闭的打工少年

——“漂泊的孩子”需要父母疼爱

[引言]

他是2010年春节前北京市通州区一家小卖部抢劫案的行凶者。案发时,这名17岁的少年已在外打工4个年头、迁移了3座城市。这个“从未有过出格行为”的孩子,因为1000元钱,伤害了两位老人。

心理专家告诉我们:一个十几岁的少年,没有父母的疼爱,没有朋友的交流,没有看得见的未来和希望,犯罪也就是一件无所谓的事情。在一个又一个发生着日新月异的变化的城市里,有许多像吴根这样的打工少年。他们的父母希望孩子能寄钱回家,他们的老板希望用廉价的劳动力换取可观利润,谁又真正关心过他们的灵魂?

非常故事

铤而走险只为回家

虽然犯罪时的吴根(化名)仅有17岁,可他离开家外出打工已经4年了,而且迁移了3座打工的城市。从未有过出格行为、更别说违法行为的他,这次却因为1000元钱,用刀片、玻璃碎片将小卖部的两位老人的脖子、手臂划破。

初听起来,这个故事有些“凶狠”——

2010年春节前几天，北京市通州区的一家小卖部发生了一起抢劫伤人案。犯罪嫌疑人吴根使用自带的裁纸刀片威胁小卖部的一对老夫妻，迫使两位老人给他1000元钱。老夫妻还算机智，他们不但没给吴根钱，还将其反锁在屋内。吴根被激怒了，他击碎门上的玻璃后，捡起玻璃碎片，伴着裁纸刀片，对着老先生的脖子、手臂，一阵挥舞，致使老先生受伤流血。吴根很快被赶来的警察制服，随后被以涉嫌抢劫罪批捕。

当此案的主审法官何琳更详细地介绍了案情后，我觉得这个故事让人有些哭笑不得。

首先，吴根实施犯罪的对象是熟人。这个小卖部是吴根平常经常光顾的地方，他时常来这里买些小东西。在拿出刀片威胁之前，吴根和经营小卖部的老夫妻一直在闲聊，双方足足聊了一个多小时，直到小卖部没有顾客之时他才开始了“绑架勒索”的行动。也就是说，即使其行动成功的话，老夫妻也可以立即去报案，直接指认是谁在犯罪，警方可以毫无悬念地抓到他。

其次，吴根犯罪的动机是为了区区1000元钱。他可以有很多方式来筹集这笔款项。更何况，他所需之钱的目的只是为了春节回家。不是用于路费（他手头还有1000多元的积蓄），而是用于“孝敬”父亲——为了不被父亲骂成“没出息，连个钱都带不回家”的人。

“你没想过去跟朋友借钱吗？”

“我接触的人，也都没什么钱。而且，我没有朋友。我不喜欢和任何人交往。”

“那，你没想过不带钱回家吗？你的父母应该能理解你的吧？”

“去年我春节回家就没带钱，我爸用很难听的话骂我、骂我妈。这次，我爸明确提出要我汇2000元回去。实在没办法。我不想再被他骂。”

“或者，不回家不行吗？就说春节要加班，没法回家。”

“这个，没想过。春节都是要回家的。”

这是我和吴根的一段对话。在整个对话的过程中，这个看起来瘦弱、孤僻的少年一直在不间断地哭泣，数次哽咽到难以出声。他不是喜欢在别人面前流泪的人，却经常在看小说、影视的过程中跟着人物的命运而伤心、难过。独自一人时,酷爱看各种故事书籍的吴根常常会落泪,也许,自闭的他只能从故事中感受到情感,从虚拟的人物身上看到自己的影子。

在吴根犯罪前的两三个月,发生了一件事情。他的表哥,一个和他一样在北京打工的男青年,被车撞死了。没有什么原因,只是走在街上,可谓是飞来横祸。这件事对吴根触动很大,让他感受到了生命的脆弱和无常。

谈到死亡。吴根说他以前在因为自杀事件频发而名声大噪的某公司工作过,对于该公司不断发生的年轻打工者跳楼自杀事件,他表示了对自杀者的理解。"可以理解他们为什么要自杀。在那里,大家活得太累了,死了也是一种解脱。反正活着也没有什么意思"。

可以推算出来的是,在该公司工作时期的吴根,还远未成年。

"你为什么那么早就出来打工了?"

"不愿在家。"

"打工的生活不是很苦吗?"

"总比在家里强。"

"你家很穷吗?"

"一般吧。在当地算一般的,不算贫穷。就是不愿在家,憋屈。"

"为什么?"

吴根不再回答。在对话的过程中,我反复提出这个问题,希望能找到他如此孤独、自闭的原因,但吴根总是回答"没什么,就是不愿在家"。我无从知晓他在家里经历了什么。也许,只是一个年轻人不愿在闭塞的农村生活,外面的世界对他来说很无奈,但也很精彩;也许,是那个让他仅仅因为害怕被骂就为此冒险犯罪的父亲给了他噩梦般的童年;又也许,没有什么具体的原因,这个喜欢看书、内向寡言、渴望独处的少年,内心深处涌动着一些不安分、不安定的暗流,推动着他远离家乡四处"流浪",也正是这种老实外表下的不安分导致了他的犯罪。

“那,你有牵挂的人吗?”我问出这个问题后,吴根沉默了良久才回答:“应该是我妈妈吧。我妈生活得不容易。我就是不愿意我妈因为我被我爸数落,才去抢钱的。”

吴根的生命中,唯一的牵挂,是他的母亲,而且即使这唯一的牵挂,也无法留住他向外游走的脚步。生命,是需要责任压身的,是需要爱作为支撑的,没有负担的人生,最终拥有的只是轻飘飘的过往。可以想象,一个十几岁的少年,没有父母的疼爱,没有朋友的交流,没有看得见的未来和希望,会是怎样的一种无法承受之轻!既然原本什么也没有,犯罪也就是一件无所谓的事情。怎么都是活,在监狱里生活也不是什么大不了的问题。

在我咨询过的即将庭审的少年中,吴根是唯一一个对自己会被判多少年表现得漠不关心的人。

专家剖析

被忽略的生命

在和吴根对话前,何琳法官提醒我:“这个孩子特别不爱说话,可能交流很费劲。”事实并非如此。虽然吴根始终不愿意过多地谈他的家庭,但整个对话过程基本是流畅的,他清晰地表达着自己的生活、经历和心情。

从法官亲切地对吴根说“这是心理专家。你有什么都可以跟她说,她是来帮助你的”开始,吴根的眼睛就红了。

当法官离开后,我问他:“你为什么哭?”

“以前,没有人对我这么亲切地说过话。”

我为之动容。我想,吴根真正表达的意思是,这个城市里没有一个像我们这种所谓主流社会的人用如此关切的眼神、如此关怀的话语和他如此亲切地交谈过。

吴根反复强调自己不愿意跟别人在一起,不愿意和别人交谈,只喜欢一个人待着。可是,这是连他自己都没有深刻分析过的假象。正是因为害怕被拒绝、被排斥、被伤害,吴根才将自己包裹起来。否则,他不会因为法官和我表现出来的关心而流泪,不会在和我对话的过程中呈现出一个少年丰富的情感。

吴根也有过快乐的时光。在过去打工的地方,他曾经和一个喜欢的女孩谈过恋爱。他们一起工作,一起吃饭,一起聊天,那恐怕是吴根最开心的岁月。可惜,这段时间很短暂,女孩很快就离开了那个工厂。来到北京后,吴根不愿意住在免费提供的集体宿舍,自己租了个平房。从此,他离人群就越来越远。每天下班后,他就独自回到自己的房间看书,或者到网吧上网看小说。

吴根缺钱吗?为什么打工这么长时间,他只有1000多元的积蓄呢?

“我的收入还可以,一个月能有2000元左右。但基本上都花光了。房租是一部分,还有,我不愿意吃得太差。另外,买书、上网会用掉很多钱。”

我无法指责一个少年对生活质量的较高要求。他打工挣钱,但不愿意像其他打工者一样为了存钱而节衣缩食,还要为了满足精神上的需求而消费书、网络这样的“奢侈品”。在北京这样一个大都市里,感觉总是被别人瞧不起的吴根,选择了逃避,选择了离群索居,选择了近乎自闭的生活。

吴根犯罪后,他的父亲从老家来了趟北京,但很快就离开了,理由是“家里忙,要回家干活挣钱”。他的父母恐怕永远都不知道自己的儿子在外面经历了怎样的心路历程,即使知道,他们恐怕也无法理解。在经济飞速发展的今天,在一个又一个发生着日新月异的变化的城市里,还有不少像吴根这样的打工少年,静悄悄地生活着。他们的父母希望孩子能寄钱回家,他们的老板希望用廉价的劳动力换取可观的利润,可是,又有谁真正去关心他们的生命、他们的灵魂?

不需要为吴根的犯罪辩解,他的犯罪是深思熟虑的,是有备而来的。但是,我们必须深思,这些游走在城市里的少年打工者,他们的生命被忽略了。这是社会的不安定因素、是我们必须直面的问题。多么希望,这样的心灵对话,不是在吴根犯罪之后!(文/陈华)

第二编

性心理

青春期,性常识和性心理教育不容回避。

女孩要懂得守护性安全;男孩要学会管理性冲动。

No.6 心灵对话:迷失在青春期的女孩

——青春期忌讳误读“爱情”

[引言]

一次错误的性行为让她对性的认识产生了偏差,直到走进看守所的那一天,她后悔了……

心理专家告诉我们:第一次犯罪的孩子,大多有个共同的特点就是不懂法,并且伴随着严重的认知偏差。女孩菁菁由于错误地解读“自由”、“美”、“友谊”、“快乐”、“贞操”、“爱情”、“性行为”——她的认知偏差使她一步步走向她原本不想成为的,甚至害怕、厌恶的那些人。

非常故事

迷失的中学生活

“希望你今后出去心中没有阴影,健健康康地生活。”海淀区人民法院少年法庭的王丽娟法官温柔地对菁菁(化名)说,话音中充满着对菁菁的关心与期待。

个子不高,面目清秀、白皙的菁菁听话地点点头。2007 年 9 月,菁菁由于聚众淫乱罪被抓,当时她刚刚度过 18 岁的生日。然而,就在此前两个月,她刚刚拿到旅游专科学校旅游专业的毕业证书,还打算继续读大专。

眼前穿着蓝色囚服的菁菁是个活泼善谈的女孩，很快就对我打开了话匣子。“我的名字是姑姑给我起的，姑姑和爸爸、妈妈都非常宠爱我。”回想起小时候，菁菁脸上笑意盈盈，但抹不去眼中深深的茫然和困惑。她漂染成浅黄色的头发经过半年时间已长出一段乌黑的头发，形成鲜明的对比。“上初一时我特别文静，爱看书。我爸爸喜欢文静的女孩。我喜欢穿白上衣、白裤子，那时特别单纯”。

菁菁的母亲是北京一所著名幼儿园的幼儿教师，弹得一手好钢琴，菁菁引以为傲。父亲原来是北京某旅游单位的司机，后来在北京某酒店做保安监控主管，为人善良耿直。像许多三口之家一样，菁菁是这个家的小公主，在父母的关爱中幸福成长。菁菁至今还记得刚上初一去军训前，全年级只有自己的父母都来了，当着那么多人的面千叮咛万嘱咐，准备了许多好吃的东西。想起过去这些点点滴滴，菁菁说现在依然特感动。

然而到了初二，进入青春期的菁菁关注的不仅仅是学习、读书，还越来越喜欢时尚，诸如漂亮衣服。看见一位女生穿着有艺术字的T恤或吊带衣服，她心里开始惦记，回家后向父母要钱买衣服，一向宠爱自己的父母这次却不同意给钱。于是充满渴望的菁菁就偷偷借钱买了自己喜欢的衣服。渐渐地，菁菁与一些喜欢“漂亮衣服”的女同学成了朋友。她们一起出去吃吃喝喝，并与校外的一些“不三不四”的男孩来往。粗心的父母忙着自己的工作，对菁菁的变化没有丝毫觉察。菁菁胆子越来越大，也越来越不与父母谈自己的心事了。

初二时发生的一件事让菁菁发生了很大的变化。菁菁因为一件“现在都想不起来”的小事，和一位女同学发生了口角。这位女生就约了四五个女同学和几个男同学把瘦弱的菁菁围起来，又是骂、又是打，羞辱了很久。“旁边一群围观的人，看她搧我特别来劲儿就起哄、推搡。”这让当时的菁菁感到特别害怕和羞耻。菁菁心里憋着一股气，没有告诉父母，也没有告诉老师，觉得自己特窝囊，于是想到报复。“后来就在校外认识了一些姐们儿、哥们儿，请他们帮忙，觉得可以扬眉吐气了，我也可以打她，他们就不敢欺负我了。”报复成功之后的菁菁成了学校的“问题学生”。老师把她的父母叫到学校,谈菁菁的问题,忧心地说:“再不管就完了。”父亲开始严加管教女儿,除了骂就是打,甚至曾拿扫帚或皮带打得菁菁满院子跑,但收效甚微。父亲无奈气急了骂道:“你傻呀!他们父母不管,你也和他们一样吗?你再这样就滚吧!”

然而,渴望所谓“自由自在”的菁菁没有因为这样的教育方式而醒悟。她认为自由就是想要什么父母就要满足什么。“想要漂亮衣服就得给买衣服,想要电脑就得给买电脑。”“父母放任不管,要钱给钱,要什么给什么”是菁菁的“自由观”。没有从父母那里得到“自由”的菁菁,渐渐地在校外认识了不少工读学校的大龄学生以及社会上的混混,并且越来越喜欢与他们一起出去吃饭。在他们的怂恿下,菁菁学会了抽烟、喝酒。单纯的菁菁听信了“朋友们”的话,常常流连在酒吧和夜店。这一切都让处在青春萌动期的菁菁感到非常快乐、新鲜、刺激、好玩。

13 岁的菁菁“恋爱”了,赢得菁菁芳心的是一位 19 岁的工读生。菁菁深深地陷入情网,对这份感情全身心地投入,倾注了一个怀春少女所有美好的想象与期许。以为可以“执子之手,与子偕老”的菁菁,在与男友认识了两个月后,在男友的要求下,瞒着父母将自己的初夜献给了男友。还不满 14 岁的菁菁并不知道这一次的性行为意味着什么,“没什么感觉,他说没事就没事。”此后,菁菁常常住在男友家。父母发现菁菁夜不归宿,就到处找她,找到之后苦口婆心地劝她回家,让她与男友断绝来往,甚至直言不讳地说:“他只不过玩玩你罢了,你怎么那么傻呀!”可是,菁菁哪里听得进去。

不久之后,父母的话被不幸言中了,菁菁的男友移情别恋了。“他在网上认识了一个 18 岁的女孩,不过是玩玩我罢了。在网上通过视频看见他们坐在一起,我特别伤心,立即关掉电脑,哭了很久。现在没什么感觉了,想起来会觉得特可笑。”

此后,又一次陷入恋情、又一次被无情地抛弃和欺骗的菁菁,在一次次感情被伤害后说道:“男男女女之事,就那么回事呗,看透了。”情感的创伤对菁菁的内心和以后的行为产生了巨大影响。

考上旅游专科学校的菁菁,顶着一头浅黄色的头发,穿着自认为“漂亮”的奇装异服，常常出入各个饭店、酒吧、舞厅。班主任不得不把家长请到学校来，身为教师的母亲在一旁羞愧难当。回家后菁菁被母亲骂得狗血喷头，就与母亲大吵了一架。“我正在家郁闷呢，一个男生打来电话，让我去玩，我说不去，他设局骗我，于是我就去了。”到了之后菁菁才发现有一大群男的，有的还拿着棍子。她非常害怕，想走，但他们不让。菁菁被迫与完全不认识的三个男人发生了性关系。当时她只是安慰自己：“玩玩呗，他们玩，我也玩。”

自此，菁菁越发的无所谓，还模仿一些黄色录像上的行为。从被迫参与到主动参与聚众淫乱，菁菁迷失了自己，最终因涉嫌聚众淫乱罪被捕。

专家剖析

青春期性心理的误区

“刚进看守所时特后悔，后悔自己不懂法，总觉得盗窃、诈骗是犯法，而做那些事只是个人爱好而已。现在才知道那叫聚众淫乱，是重罪，而且社会影响恶劣。预审时我哭得很伤心，心想，妈妈知道后非杀了我不可。”菁菁说她真的后悔了。

第一次犯罪的孩子，大多有个共同的特点就是不懂法，并且伴随着严重的认知偏差。最初菁菁认为那些工读学生和社会混混是“不三不四”的坏孩子，信誓旦旦地对父母说自己绝不会变成那样。然而，由于菁菁错误地解读“自由”、“美”、“友谊”、“快乐”、“贞操”、“爱情”、“性行为”，等等，使她逐渐成为其中的一员。正是她的认知偏差使她一步步走向她原本不想成为的，甚至害怕、厌恶的那些人。

青春期的孩子如同蝴蝶的蜕变一样，生理、心理都发生着巨大的变化，特别是性心理。这个时期是孩子们心理认知观念形成的关键时期。正处在这个时期的中学生们多多少少会出现一些逆反心理，他们情绪变得不稳定、易冲动、有困惑；自尊心增强，希望得到他人的尊重；独立意识增强，希望自己做决定并能得到成人的认可；强烈的性意识,以及对性的关注、吸引和尝试;对面孔及身材格外重视;求知欲增强,冒险精神俱增,喜欢刺激;充满自信,富于幻想包括性幻想,憧憬未来;越来越多地受到同学或朋友的影响,与异性同学交往发生由疏离到吸引的变化。

菁菁的青春期心理出现明显变化特别是性心理的变化是在初二这一年。这一年她从"白雪公主"开始蜕变。渐渐与父母疏离、逆反,甚至对立,寻求所谓的自由独立。而父母简单粗暴的教育方式不仅没有帮助滑向危险的菁菁,反而将她推向那些使她走向犯罪的"朋友"。

菁菁受到女同学的欺辱,没有采用正确的方法——寻求父母和老师的帮助,而是错误地采取以牙还牙的报复手段,这加速了她走向歧途的速度。那些姐们儿、哥们儿,让她不仅学会了抽烟、喝酒,更让她丧失了真正的"自尊"。麻木到对淫乱"无所谓",把美好的感情、尊严、自信、贞操给玩没了,甚至走向了犯罪。

青春期的菁菁有着许多成长的烦恼,在成长过程中付出了惨重的代价。她没有在父母和老师的帮助下解决好独立与依赖之间的矛盾、闭锁与渴望理解之间的矛盾、自我完善与意志薄弱之间的矛盾、性的自然冲动与道德约束之间的矛盾。代沟的出现、同学间的竞争攀比、对道德品行认识的分歧,让菁菁品尝到"烦"的滋味。

"最让我震撼并感到非常羞耻的时候是第一次开庭前。手上戴着手铐,法警命令'排好队,蹲那儿'。很多法警在那儿站着,看着他们我心里特害怕。过一会儿又听到命令'快点儿上车'。心里觉得自己不是好人,像电影里演的那样。不知怎么搞的心里却不断回荡着一句歌词'五星红旗,你是我的骄傲'。到法庭以后,我不敢看爸爸的眼睛,不敢看法官,不敢看国徽。"这是菁菁的内心独白。

曾经喜欢白衣白裤的菁菁内心潜意识里非常渴望自己还能做回那个文静纯洁的"白雪公主"。内心非常期待已不搭理她的父母的宽容。

"唉!"一声深深的叹息,片刻的沉默,菁菁喃喃道:"以后怎么办呢?"其实,花季的菁菁还有她的人生规划:"我可以继续原来的想法,去读大专,做一名优秀的导游。"(文/李婕)

No.7 心灵对话:谁让邻家哥哥趁虚而入

——女孩需要"超前"性教育

[引言]

三年前,10 岁的小琴放假在家,邻居一位上高中的大哥哥经常过来陪她玩。由于父母的疏忽,幼小的、对生理知识还懵懂无知的小琴因大哥哥而失去了童贞。

心理专家告诉我们:悲剧背后,是父母对未成年子女的忽视。

非常故事

挥之不去的童年阴霾

"有什么心里话就对李老师说,好吗?希望你以后的学习生活中,不论遇到什么问题和困难,都不要只放在心里,要学会从家长、从长辈那儿寻求帮助和解决问题的方法。"北京市朝阳区人民法院少年法庭的张妍法官弯下腰对小琴(化名)轻声地说。

小琴今年 13 岁,刚刚上初一。上身穿着镶有淡蓝色边儿的白色 T 恤,下身穿着蓝色七分裤,长得小巧玲珑、活泼可爱。一眼看上去比同龄女孩要小一些,给人带来一股纯净清凉的气息。

三年前,10 岁的小琴放假在家,邻居一位上高中的大哥哥经常过来陪她玩。两家住在同一个院子，他们的父亲都是建筑工人，两个孩子虽然相差 7 岁，但都是从外地转学过来的。相似的际遇使两家关系很好，两家人也常一起吃饭聊天。

“在大人面前他也常逗我玩，我们俩也常打打闹闹。他爱打篮球，也会假装把篮球扣过来，逗我笑，我非常开心。和他一起玩儿，我很高兴，他就像我的亲哥哥。”

“我爸天天忙着上班，不在家，不管我。”小琴低垂着眼睛，双手轻轻地搭在一起，乖巧地坐在那里，细声细气地说，“我妈也在上班，她的车子声响很大，每次出门都从他家经过。他就知道我爸妈什么时候不在家。假期里基本上就我自己一个人在家。第一次，他来找我，把木门也插上了。他脱了我的衣服、内裤，趴在我身上……我叫，他就捂住我的嘴，外面就听不见了。我说，你不出去，我就告诉我爸妈，可是他不听。”小琴的头微微地低了下去。就这样，由于父母的疏忽，幼小的、对生理知识还懵懂无知的小琴第一次失去了童贞。

“发生了这事心里非常难受，怕被妈妈发现。我那时上小学四年级，怕爸爸妈妈知道后说我。”小琴的“说”其实是指家长严厉批评责骂。那时小琴心想不告诉爸爸妈妈就可以避免了一场家庭的“灾难”。正是小琴这样的心理，粗心的父母没有及时发现小琴的异样。

在长达一年多的时间里，小琴十几次被“他”——邻居哥哥、17 岁的高中生强奸。“一开始他还害怕，后来慢慢次数多了，他就不害怕了，并且越来越放肆。开始时，我会反抗，但他比我大，比我高很多，他力气也比我大多了，我掰不过他，他就把我衣服脱了。”说到这里，小琴的声音微微有点儿提高，显然心情有些激动。“有一次事后，我发现我的内裤是湿的，当时不知道是什么东西？后来在学校上健康课知道了。”小琴再次黯然地垂下眼帘。

“心里觉得挺难受。很后悔，早点说出来就少受些伤害。”小琴叹息道。此时小琴的眼里噙满了泪水。

回想起被妈妈发现的过程小琴扭动了一下身躯。“那天他让我画画，我们在他家的屋里，我妈妈听到我的叫声，通过他家的纱门帘的下面，看见他压在我身上。妈妈立即把我带回家，问我是怎么回事，我说了。我妈紧接着去问他，他也承认了。我妈又打电话把我爸叫回来。之后，我们去了公安局。我妈当时对我说我不再清白了。我很害怕。之后我们搬了新家，不提这事，我就不会想起。妈妈心里难受，妈妈有时会责怪我。”

小琴的妈妈是一家商场售货员，流着眼泪说自己难以接受这个事实。因为生长在农村，家庭教育非常传统，认为女儿从此不再纯洁，不再清白了。因此，有时妈妈会和小琴因小事发生冲突。一年过去了，小琴的妈妈一直走不出这件事的阴影。这种“不再清白”的认识挥之不去，进而影响了母女关系，反而使小琴感受到来自母亲的压力。虽然小琴一再说“妈妈对我最好”，但闪烁在隐忍泪光之后的是小琴没有充分感受到妈妈的宏大的包容与肯定。她在妈妈的眼里看到无尽的伤心、怀疑和阴影。

专家剖析

教养方式的误区

天真活泼的小琴在班里是班长，不仅学习成绩很优秀，而且跳舞、画画、朗诵都在学校比赛中获过奖。班级里的联欢活动，她都是主持人。这样的女孩怎会不讨人喜欢？

可是，小琴的父母只顾忙自己的工作，为生活赚钱，却忽略对孩子的陪伴、沟通、监护、关注和保护。小琴来到北京读书后，每天自己上下学，放学回家后一个人写作业，非常寂寞和孤独。父亲回到家也很少和小琴沟通。只要孩子成绩不错，不生病，就不会主动关心孩子的其他方面。父母没有认识到：孩子的成长需要心灵的慰藉，需要和父母平等地分享快乐，需要父母指导和陪伴甚至一起游戏，需要父母宽容与及时细心的监护。

小琴的妈妈只看到女儿活泼惹人喜爱的特质，却没意识到具有这样特质的女儿像花儿一样脆弱,需要母亲提供安全的环境,无微不至的关心和保护。妈妈没有教会女儿如何自我保护?一年多的时间,小琴的妈妈竟没有观察到小琴身心的变化。

四五年级的小琴在学校还没有学到有关生理卫生的知识,生长于农村的母亲更不会主动对女儿讲有关的性知识和法律常识。因此,小琴只知道这不是一件好事,但并不清楚不好在哪里?对自己造成了怎样的伤害?

父母对孩子严厉的教育方式,也使得小琴不敢坦言自己受到的伤害。家长在日常生活中,与孩子不能平等地、心平气和地沟通,这是许多受害人和未成年犯罪人相似的亲子关系模式。

小琴的父母在日常生活中以及与邻居相处的过程中,缺乏足够的警惕与谨慎。处于青春期的高中男生,正是身心易冲动的时期,两个孩子在一起打闹,身体敏感部位时有接触,两家父母都不加以阻止,听之任之。久而久之,处于青春期冲动的男生,没有约束和监督,男孩女孩如此亲密,悲剧发生难以避免。

10 岁左右的年龄阶段的孩子,处在学龄初期即童年期。这个时期的孩子生理、心理都在逐步发展。在生理上,身高和体重显著增加,骨骼肌肉茁壮成长,神经系统发育完善;在心理上,随着生活水平的变化和知识经验的增长,心理也不断发展变化。但是,童年期心理水平还停留在不随意性和具体形象阶段。思想单纯无知、分辨是非能力差、个性不稳定、社会经验缺乏、对外界防备能力差,往往容易导致这个时期的孩子被侵害,尤其易受年长者的教唆、引诱而被害。

童年期儿童的认知能力比较低下,道德认识水平不高,对错、美丑、善恶不易区分,更谈不上法律意识,对事情的严重程度、后果都处于无知状态,易于成为犯罪侵害的对象。本案小琴就是如此,她分辨不出“大哥哥”对她的行为不好到什么程度。平时“大哥哥”带他玩,当着大人面也可以亲密接触,与她关系很好,加上小琴对性的无知,意志薄弱,同时又害怕妈妈爸爸责骂,从而一再受到性侵害,成为不幸的受害者。

童年期的儿童有着很强的依赖心理。由于处于童年期的小琴独立意向发展不成熟,经济上不独立,社会阅历少,思维独立性差以及思维的片面性,造成心理依赖性强,因而成为受害者。目前,我国独生子女多,溺爱式的家庭教育使得他们更加缺乏自主性、独立性。他们对家庭、成人的依赖性大,容易被小恩小惠诱骗,成为受害者。

童年期及青春前期的孩子好奇心理非常强烈。他们兴趣爱好广泛但不稳定,模仿性强,对任何事物都觉得好奇新鲜,容易被欺骗,成为被害人。小琴不仅对性无知,同时对性也好奇,平时很喜欢与“大哥哥”一起玩,“大哥哥”也常常把她逗笑,有“大哥哥”的陪伴,她就不觉得寂寞。当“大哥哥”急切地把她的衣服脱光、亲吻她,对她暴露出男性生殖器以及实施性侵害时,她的内心也有一定的好奇心理。以至于事发两年以后,她并不怪“大哥哥”。这也使得“大哥哥”对小琴的性侵害一再得逞并长达一年多,幸而被小琴的妈妈无意发现。

小琴父母教养方式存在误区。对于处于生理和心理都还发育不完善、依赖性还很强的小琴来说,非常需要爸爸妈妈平时的陪伴、细心的关注与平等的沟通。而小琴的父母几乎完全忽略了小琴这方面的需要。小琴的父母平时只顾为生活而忙碌,为了养家糊口,只管把工作做好,使得小琴常常独自在家,没有人陪伴,忽略小琴内心渴望关心、爱护、陪伴的感受。并且对于邻居“大哥哥”的过分亲昵行为也不加以制止,认为那是“闹着玩”。这也在一定程度上使得性侵害成为可能。

在教育方面,小琴的妈妈对于小琴更多的只是要求学习成绩好,对于小琴的生理和心理的变化几乎完全没有关注,若小琴有什么做得不对,就是一顿责骂。乖巧胆小的小琴不敢将内心的感受告诉妈妈。没有这方面沟通的母女间更谈不上“平等”沟通了。这使得小琴越来越不敢将发生的事情告诉妈妈,心理压力越来越大。从而,“大哥哥”性侵害行为越来越放肆。悲剧就这样一天天延续。

小琴的妈妈最后说:“我是第一次做妈妈,不知道还需要这样和孩子沟通。真希望有地方也上上心理课,学学心理知识,了解如何教育孩子,如何调节心理。”

悲剧原本可以避免,孩子需要的不仅仅是衣食住行,更重要的是家长经常陪伴他们,关注他们纯洁的心灵,和他们一起成长。

主审法官张妍说:“对于青春期的孩子,希望家长们多一份关爱,这种关爱不仅仅体现在对孩子的学习和嘘寒问暖上,更体现在对孩子心理的关爱上,体现在与孩子的沟通上。”

最后,小琴在和我融洽的沟通中抬起了头,她面带微笑地看着我,对我说:“李老师,你真好!我依然是纯洁的,我会快乐学习,继续努力争取考上重点高中。我依然阳光,会拥有幸福的明天。”

希望小琴如她所说!更希望她的妈妈尽快走出阴霾,拥有阳光灿烂的生活!(文/李婕)

No.8 心灵对话:闯祸的“无知”少年

——当孩子“性早熟”时

［引言］

13岁那年,上初一的晓星就有了性体验。在14岁那年,他因强行与第二任女友发生性关系而触犯法律。在这个懵懂少年的心里,感情和性之间没有什么关联。

心理专家告诉我们:是与非、对与错、罪与罚,在晓星的认知世界里都是一片匮乏。他和父母之间严重缺乏交流时,谈心的对象会是狐朋狗友。这样的状态,让他失去了最基本的规则。

非常故事

性早熟却性无知的少年

晓星(化名)犯了重罪——强奸罪,在犯重罪之时,他还处于取保候审期间。他的主审法官——北京市门头沟法院未成年法庭的许芳说:“假如在第一次犯故意伤害罪之后,能有人给予晓星足够的教育,那么也许就不会有第二次的犯罪发生。”

站在我面前的晓星,有1.8米的个头,白净、柔和的面庞,看上去要比14岁这个年龄大一些,有些青年、而不是少年的感觉。坐定之后,其眼神中没有想象中的强奸犯的肮脏和猥琐。谈话进行得异常顺利,原本以为难以启齿的性犯罪,到了晓星的嘴里，变成一件很平常的事情，和他之前用折叠刀将他人扎成重伤没有什么本质的区别，都是“冲动犯的错”。区别在于，在伤人之后，他知道自己犯罪了；强奸之后，直到自己被捕，他都以为只是又一次和女孩子发生了性关系而已。

“我不知道这是犯罪。我以为男女之间发生性关系是很普通、很正常的事情。进来后才知道，我这是犯罪。经过法官的教育，我才知道我这是强奸。我以前认为，只有那种拿着刀啊棍啊又打又闹、女的大声反抗的，才是强暴。”晓星如是说。

晓星强奸的对象，是他认识的女孩子。他的一个朋友过生日，让晓星去请这两个女孩来助兴，因为晓星和这两个女孩的关系比较好。

“那你不知道你的朋友要实施强奸吗？”

“知道啊，知道他想和女孩发生性关系。可这没什么。我们几个人都有女朋友，都和女朋友有过性关系，再说，其中的一个女孩儿和我的一个朋友在谈恋爱，都已经发生过性关系了。”

事发之后，因为害怕，两位女孩并未报案。之所以东窗事发，是因为其中一名男孩因其他事情犯罪被抓后，把这次强奸事件连带做了交代，公安机关据此侦查、抓捕相关犯罪嫌疑人，否则，晓星恐怕依然心安理得地将这次“性关系”看成普普通通的一次性游戏。

其实在这之前，晓星就已经有了性行为。

13 岁那年，上初一的晓星就与一个大他两岁的女孩谈恋爱。在女孩的引领下，他们很快就发生了性关系，而且感觉还不错。于是，晓星认为，男女在一起，发生身体的深度接触是再自然不过的事情。

我问晓星：“你那么小的年纪就谈恋爱，不觉得不应该吗？”

晓星平静地回答说：“没有啊。我周围的朋友都谈恋爱了，很正常的。”

“那，你是否觉得你的朋友们有问题呢？”

“没有。我觉得他们都挺好的。只是他们比较喜欢说打人的事，在这点上我可能受了不好的影响。”

时隔不久，女孩为了便于高考，离开北京回老家上高中去了。没过多久，女孩就告诉晓星，她在老家又找了个男朋友。

“你怎么看待她又找男朋友的事？”

“我想她说得对。我们将来不知道还能不能在一起，也许有可能再见面，也许可能一辈子都不再见面了。大家各过各的生活，我能理解她的做法。”晓星也没闲着，很快也找了另一个比他小1岁的女朋友。他用“善良，老实”来形容这个女孩，“我很珍惜她，非常珍惜”。

“你这么珍惜她，为什么还和别的女孩发生性关系呢？”

“那天，我没有想和那两个女孩怎么样，但推开门的时候，我看见她们光着上身，所以就……”

晓星和第二个女朋友保持着纯洁的关系。他没有浏览色情网站的习惯，也没有对性有特别的热情和嗜好，这次强奸，是他和第一个女朋友分手后的第一次性行为。然而，他将为自己的无知、轻率和不加控制的冲动行为付出高昂的代价，即使在和我谈话时，他也还不知道强奸罪将被判数年，加上他已犯的故意伤害罪，等待他的将是漫长的“改造生涯”。

“两个人在一起，不一定要发生那种关系，大家在一起谈得来、互相关心就够了”；“男的和女的在一起，就会发生那种关系”。从这两个来自晓星的看起来互相矛盾的表述上，可以清楚地发现，连晓星自己都没有意识到，在他的心里，感情和性之间是没有什么关联的，至于他这个年龄是否应该发生性关系，他连想都没想过——没有人告诉他这些做人的基本道理。据许芳法官说，她耐心地和晓星谈过话，启发晓星去理解没有感情的性是不道德的、可耻的。晓星才对此有了一些初步的认识，他开始后悔和那两个女孩发生了关系，因为他“不喜欢那两个女孩，她们太成熟了，看起来像十七八岁的人。不可爱、不纯洁”。

一方面是性早熟，晓星可以坦然地谈性，对性事的了解，他通过实践早已熟知；另一方面是性无知，晓星缺乏基本的性观念，他不知道性应该是两个人感情升华的产物,他不知道性是最严肃的事情之一、绝对不允许随便发生,他不知道以他的年龄与女孩发生性关系是非常危险的事情,他不知道和低于14岁的幼女发生性关系本身就是犯罪。

如果不是性早熟,没有和第一个女朋友过早发生性行为,晓星就不会去帮助朋友邀请女孩,也不会那么轻易地、轻车熟路地去伤害认识的女孩;如果不是性无知和脑中几乎空白的法律知识,不是对性毫无理性的认识,晓星就不会明知犯罪而去尝试如此危险的行为。

专家剖析

教育缺失,关爱缺失,交流缺失

我不得不重复我作为一名青少年心理咨询师经常面对的事实:有问题的孩子都来自有问题的家庭!晓星的情况,也逃不过这一基本命题的框架。

晓星的父母是外地来京务工人员,虽然没有离婚,但关系不和、长期处于分居状态。晓星和母亲生活在一起,他的姐姐和父亲生活在一起,父亲只偶尔来看一看他,负责他的生活费。母亲开着一个棋牌室,除了吃饭睡觉,基本上都待在牌桌上。晓星从小到大的学习成绩还算过得去,在他那帮朋友中,他是成绩最好的一个。可以这样来描述晓星的成长经历和生活状态:父母供他吃喝、上学,但仅此而已,完全没有承担起教育他的责任和义务。他们对晓星说得最多的一句话就是:“别惹事!”至于怎么算惹事,怎么才能不惹事,他们从来没有对晓星进行过教育。

在晓星将人扎成重伤后,母亲除了给他一顿责骂外,并没有去了解他为什么这么做,更没有去告诉他将来应该怎么做。倒是晓星的第二个女朋友,对他进行了耐心的劝解:“你这么做,给别人造成多么大的伤害啊,以后千万别再打人了。”这样的劝解温暖了晓星的心,他在取保候审期间下定决心不再打人。

在本该认真学习、和同龄人建立友谊、与父母交流各种困惑、为实现自己的人生理想而努力奋斗的年龄，未成年的晓星却过上了成年人才能拥有的性生活，其中隐藏着无数的危险。和我对话的晓星有了自己以后的人生理想："将来我出去后，要建房子，给贫穷的人居住。"这是他在许法官教育他做人要有目标之后，经过冥思苦想得出的一个答案。但愿，他能在将来实现这个理想。

是与非、对与错、罪与罚，所有这些，在晓星的认知世界里都是一片匮乏。学校教育只为他提供了学科学习的内容，关于性知识，关于法律知识，处于空白状态；父母没有给他足够的关心和爱护，互相之间严重缺乏交流，他谈心的对象就是那帮狐朋狗友。这样的生活状态，让晓星失去了一个孩子最基本的规则，愤怒了就打人，不知道什么事该做什么事不该做，对事件发生后可能出现的严重后果没有清醒的认识。

"在跟我和许法官做这样的谈话之前，有没有成年人与你有过类似的交流?"在对话快结束的时候，我问晓星。

"没有。老师，真的，今天的谈话让我很开心。我学到了很多东西。"晓星诚恳地表白。他的回答，不是虚妄，不是应付。

我看到了晓星的眼泪，那是在说到父亲的时候。晓星犯下强奸罪后，父亲来看过他，流着泪对他说："儿子，爸爸对不起你。"晓星红着眼眶告诉我："太晚了。我爱爸爸，爸爸也爱我，但我们以前从来没说过，没表达过。现在，太晚了。"

是的，太晚了。我们的家长、学校、社会，本该早些给晓星这样的孩子更多的关爱，本该给他提供基本的青春期性教育。尽管青春期性教育目前在我国还处于有争论的状态，什么时候该进行性教育，性教育应掌握什么样的尺度，都还存在争议，但不管怎么样，青春期性教育的必要性已经在教育界和心理学界达成共识，很多中学都已开设有心理健康和性教育课程。如果晓星能得到这样的教育，如此无知、严重的性犯罪就不会发生，那两个女孩的身心就不至于遭受到如此的摧残。

许芳法官告诉我："这些孩子在强奸之前，去买避孕套，但那个老板跟他们说，有一种药，女人吃了就晕了，发生什么事都不会记得。他们觉得好奇，想试试这种药是不是能达到这个效果,所以就买回去给女孩吃下了。”这个细节传递了这样的信息:一是这些孩子都曾经有过性经验,连避孕套这样的事情都考虑到了;二是社会上一些成年人对未成年人的性犯罪起着推波助澜的作用。这样的信息让人不禁要问:我国青少年的性行为、性意识和性道德真的到了如此混乱不堪的地步吗?我们在经历了性禁忌之后,对性是不是又过于宽容、甚至纵容了呢?谁来对青少年的性教育负责?

这个案子,让我的心情很沉重。在行文中,我尽量不使用过分沉重的语言,但还是忍不住要大声呼吁——青春期性教育不可少!家长、学校、社会,都应行动起来,救救孩子!(文/陈华)

No.9 心灵对话：一名“双面”少年
——“性无知”的危害

［引言］

他是周围人眼中的好孩子，却因强奸致人死亡而身陷囹圄；他会对漂亮女孩起邪念，却又会在事后道歉。他，徘徊在纯善与邪恶之间。

心理专家告诉我们：童年时曾多次被寄养的儿童，很可能有着依恋的缺失和分离焦虑，即非常害怕和最亲近的人分离。而依恋的缺失和分离焦虑可能就是刘安不相信爱情和不敢交女朋友的一个重要原因，也可能是刘安去袭击女性的一个重要原因。

非常故事

一个反差极大的少年

他，一个不满18岁的少年，因故意强奸致对方死亡而被捕。这是我在见到他之前了解到的仅有的一点点情况。

这样一个少年，他的心底应该是充满邪恶的；这样一个少年，可能平时大家都对他嗤之以鼻；这样一个少年，或许大家忽略了他的存在；这样一个少年，或许根本不值得女孩子看一眼。这是我在见到他之前的猜测。

“刘安（化名）是一名即将毕业的职高生，看上去挺好的一个孩子，挺懂事的样子,怎么也看不出他会是杀人犯。”听到高法官这样评价他,我顿时瞠目结舌,这和我心目中的他的形象大相径庭。

刘安犯罪时,正在一家公司实习。警方在对刘安的亲人、同事等进行访谈以及对案情的进一步调查中,有两个发现:一是他曾多次在偏僻的郊区猥亵女子,二是他所熟悉和认识的人都评价他是一个老实而纯善的人。这两点似乎很难集合于同一个人身上,这种矛盾性让我对刘安充满疑惑。

庭审进行得很艰难。法庭上,刘安不承认自己是强奸行为,他说自己由于年幼无知,对异性只是性骚扰,因为对方反抗自己才过失掐死了她,要不是她拼命反抗也不至于此。

那是2008年深冬腊月的傍晚,寒气逼人,天已经黑了。晓岚(化名)独自从郊区的公交车上下来,走在一条胡同里。晓岚是一名普通的城市打工妹,18岁的她高挑又苗条,一头乌黑的长发垂在肩头,非常漂亮。

此时,刘安刚刚从实习的公司下班回来。下午没事的时候,他还和几个年长的哥们儿开黄色玩笑。这些哥们儿中,有的已经结婚了,有的已经有同居女友,只有刘安孤身一人。就在快要下班的时候,他上网还浏览了一些黄色网站。

走在回家路上的刘安还没有从色情网站中完全走出来,脑子还在想入非非……

在他与晓岚擦肩而过的一刹那,他被晓岚的美丽深深地吸引了。于是,他跟着晓岚进了那条昏暗的小胡同。就在晓岚走到胡同的深处时,刘安快步跑过去,用手突然紧勒住晓岚的脖子,随后用一股蛮力把晓岚拽到了胡同中的一个很狭小的夹道内,推倒她并骑在她身上,用双手再次勒住了她的喉咙。

此时,晓岚终于意识到了自己的遭遇,她试图尖叫但发不出声,于是她开始拼命的挥动双手,使劲抓刘安的脸和脖子。刘安被抓流血了,也更加急了,于是换成单手抓住晓岚的脖子,另一只手控制住晓岚的双手。晓岚无助地挣扎着,终于慢慢地失去了知觉。

意识渐渐恢复的晓岚再次开始反抗刘安的侵害,她开始大声地呼救。刘安有些惊慌失措了,他害怕晓岚的尖叫引来周围的人,于是便再次死死勒住她的脖子。几分钟后,刘安发现晓岚全身上下已经有些发冷和僵硬,没有了心跳和呼吸。

惊恐之中的刘安不知该怎么办,他跑到一家网吧上网,冷静了两个小时后又回到了罪案现场,想要抬走晓岚的尸体埋起来,但是他没抬动。于是他捡了晓岚散落在地上的物品分别扔在了不同的地方,就这么回了家。

几天后,警方找到了刘安。

刘安出生在一个郊区的普通农民家庭,经济条件较差,父母文化程度均为中学毕业。父母对刘安的评价是:"这孩子从小就不爱说话,性格比较内向,朋友不多,不爱出门,喜欢在家玩电脑,人很老实,在学校一直表现不错,得过好几个奖状。"和刘安同村的邻居们也说这孩子挺善良的,也有礼貌。而实习单位的同事也认为刘安人挺好的,没发现他的任何不良嗜好,愿意和他成为朋友。实习单位给出的工作表现评价上写着:"该员工担任实习小组组长,工作积极努力、勤奋,责任心强,工作表现良好。"

父母、同事、邻居谁也没有想到,就是这个表现良好的男孩子因强奸而犯罪。

专家剖析

对女性的身体缺乏界限感

高法官再次提及对刘安的感觉:"没想到竟还是个孩子!还是个长得挺白净、看着挺斯文、说话做事有条有理,也懂礼貌的男孩,在法庭上,他的爸爸一度情绪失控,他还知道替爸爸向法官们道歉,怎么也想不到会是这样的一个犯人。"

高法官的话更加深了我对刘安的疑惑,一个人怎么能有如此不一样的两个极端呢?一面是大家眼中老实斯文的青少年,一面是凶残的强奸杀人犯……到底是什么使得一个普通的农家少年一步步走向这条不归路?是什么使得一个大家眼中的老实纯善的男孩子多次犯有强奸猥亵的行为并致人死亡?

我第一眼见到刘安的时候,一下子就理解了法官所说的“真想不到是这样一个孩子”。刘安瘦瘦高高的,长相清秀,说话斯文有条理,表情平静,谈吐举止颇有礼貌。和学校里的普通高中生真的没有任何区别,但是为什么他的行为却有那么大的反差?

在谈话中,刘安毫不掩饰地讲出了他猥亵一个女子的经历,这也是记录在案底里的一次犯罪经过。

“那是深秋的一个晚上,8点左右,我刚从实习公司回家,在郊区的路上,看到一个很好看的长发女孩,于是便跟着她走进一条小胡同中。胡同中没有人,女孩孤零零地走着,我突然有了很强的冲动。我跑过去,从她身后勒住她的脖子,把她拖进一个小夹道中。那个女孩见我不放开她的脖子于是装晕过去,当我开始摸她的身体时,她没有剧烈地反抗而是不停地求饶,她几次推开我并和我讲道理,求我放过她。我最终被她说服了,把她扶起来,并帮她掸了掸身上的土,让她回家了,她临走时还对我说了声谢谢。我之所以中途放过了她,是因为我觉得我很佩服她,她非常勇敢,用自己的语言感动了我,我觉得自己对她那样很过意不去。我晚上回家后,越来越觉得自己对不起这个女孩,于是第二天我早早就在见到她的同一个地点等她,她看到我后神色紧张,我就安慰她说我只是来赔礼道歉的。我想请她吃饭,她拒绝了。于是我劝她以后尽量走大道,别走偏僻的小路,遇到坏人就大声喊救命,反抗时用脚踩,用胳膊肘顶等。之后,我要了她的手机号发短信问她脖子的伤好了没有,她没有回我,我们就再也没有联系了。”

这件事可以更明显地看到刘安心理上矛盾的两个极端:一方面,他见到漂亮女孩独自走在偏僻的小路上时会突生邪念;另一方面,他又会在女孩求饶下良心发现,感到内疚并向她道歉。由此可以推想,刘安肯定有他的纯善一面,而某些原因又促使他拥有了邪恶阴暗的一面。造成他邪恶一面的原因从何而来呢?

刘安酷爱电脑,在学校学的是计算机专业,而实习的公司也是网络公司。据刘安的父母所说，他平时多数时间都是在电脑前度过的。而刘安猥亵晓岚致死的当天夜里，他也是选择先去了网吧几小时后才回的家。由此可见电脑和网络对他的影响之大。

如今已是信息时代，大量的信息充斥着整个网络，各种变态的、色情的、暴力的信息也是屡见不鲜，这些都对正在半成熟半幼稚的青春期的青少年造成很不好的影响。而且青少年期是人模仿力最强的时期，近期在网络上盛传的“脱裤门”、“摸奶门”等事件，正是青少年对于网络色情信息的模仿。

在我们几乎无法控制青少年获取各种各样的网络知识的同时，我们的性道德、性心理健康教育的缺失和漏洞大大地凸显了出来。这也是刘安犯罪的第二个原因。

刘安没有接受过任何形式、任何途径的来自家庭和社会的性道德和心理健康教育，而他在网络上可能会接触到的性暴力、性变态的信息却多得要命，这是我们不可避讳的一个教育问题。

在与刘安进行对话时，他反复地提到自己不知道为什么会有这种冲动，有了冲动后想也没想就扑向了女孩。我想一个正值青春期的大男孩对漂亮女孩产生冲动和欲望本身是很正常的，问题就出在他不会去合理地对待和克制这种冲动。而性教育的根本目的就是教会人认识自身的性心理活动，并用适当的方法控制自己的行为，合理地发泄欲望。刘安缺失的正是这些。

刘安也曾交过几个女友，但都是那种单纯、朦胧的感情，并没有身体的接触。而当问到为什么不选择一个女孩长期交往时，他说因为他不相信爱情，甚至不爱谈恋爱。

当刘安谈及自己的家庭时，他说自己很幸福。父母关系很和睦，非常疼爱自己。小时候，因为父母工作的变动，他曾多次长期寄养在爷爷奶奶家。虽然刘安已经回忆不起寄养时的具体情况和感受，但是心理学研究表明，童年时曾多次被寄养的儿童，很可能有着依恋的缺失和分离焦虑，即非常害怕和最亲近的人分离。而依恋的缺失和分离焦虑可能就是刘安不相信爱情和不敢交女朋友的一个重要原因，也可能是刘安去袭击女性的一个重要原因。

另外,刘安是家里的独生子,从小便深受父母的宠爱,父母都是善良淳朴的农民,父亲脾气有点暴躁,所以刘安从小到大,更多的是和细心、体贴的母亲关系好,已经长大的刘安还时不时坐在妈妈腿上撒娇。我想刘安的母亲是非常关怀和爱护儿子的,但是和儿子的这种过于亲近的接触可能会使儿子对于女性的身体缺乏界限感。这也是来自于家庭青春期教育的一个疏漏。

刘安的罪案非常值得当今的社会、学校教育和家庭教育的反省。刘安作为犯罪人,会受到法律上的惩罚,但他同时也是自己行为的受害者。在了解和分析了刘安的心理过程后,我想我们应该反思,什么样的教育才能更加科学地引导现在的孩子健康地成长?

这已是一个刻不容缓的问题。(文/杨素梅　葛芳)

第三编

心灵抚育

父母需要修筑一条通往孩子心灵的通道，让彼此相知。

父母须像关爱身体成长一样，给孩子提供足够的心灵成长养分。

No.10 心灵对话:因自卑,他走上抢劫之路
——别用他人孩子之长比自己孩子之短

[引言]

“小升初”时,他以优异的成绩进入北京一所重点中学的数学实验班。在初中期间,他却堕落进了犯罪泥潭。

心理专家告诉我们:孩子往往是透过父母的眼睛来看自己的,如果父母觉得他好,他就觉得自己很不错;如果父母表现出对孩子的不悦,或拿自己的孩子与别人比较,孩子通常对自己不甚满意,这是一个人消极的自我形象形成的根源。

非常故事

他没有家的概念

“他其实是个不错的孩子。”北京市海淀区人民法院少年法庭的王丽娟法官这样介绍他:“只是由于家庭、社会、同伴等诸多因素,他才成了现在这样子。他的妈妈特别令我难忘,法庭宣判后,她流泪大声喊,‘妈妈对不起你,都是妈妈的错,妈妈会等你出来,妈妈永远爱你’。”话至此,王丽娟法官眼含泪水,一脸的惋惜。

他就是刘健(化名),18岁,2007年2月因为与几个同龄人涉嫌抢劫而被捕。虽然他穿着囚服,但是给我的第一印象就是“帅”,白净、周正,很招人喜欢。

刘健出生在湖北，父母因为工作的原因，长期分居两地。在湖北工作的母亲大多时间都在出差，而父亲则在外地教书。刘健平时见到妈妈的机会不是很多，而要见父亲一面更是难上加难。

据他回忆，他记得最早的一次见到爸爸是在他3岁的时候，再后来就是5岁时妈妈带他去找过爸爸。刘健从出生就和姥姥、姥爷住在一起，细心的姥姥照顾刘健的饮食起居，而刘健最爱的姥爷则常带刘健去看火车。就这样，缺少父母陪伴的刘健在姥姥、姥爷家度过了他的童年。回忆起童年的点点滴滴，刘健的眼中时而流露光彩，时而闪动泪光，说到姥爷去世时，更是眼眶红红的，强忍泪水。

1998年，为了让9岁的刘健能有更好地受教育机会，也是为了和在北京下海经商的父亲团聚，母亲带着刘健从湖北来到北京。

然而，三个人的生活过得并不如意。刘健的父亲常常喝得烂醉才回家，母亲为此劝他，遭到的却是一顿暴打。一年后，母亲下岗了，她一个人到武汉做生意，把刘健留给了父亲。但是父亲经常不在家，一走就是几个星期，家里只有保姆照顾刘健，父亲只是定期给他一些生活费。

在这个陌生的城市，陌生的学校，一个10岁的孩子，独自面对生活中的一切。几年里，每天回到家里都只有他一个人，这让生性活泼好动的刘健感到十分压抑。偶尔父亲回来了，情况就更糟了，他通常是喝得醉醺醺的，回来就指责刘健或刘健妈妈的不是，刘健一顶嘴，就会遭来一顿毒打，有时候打得刘健爬不起来。“他从小就不管我，也不理我，他有什么资格揍我！”刘健心中更加压抑。

刘健说，他来到北京之后就没有家的概念了。由于整天没有人管，他开始到处去玩，慢慢地就跟院子里的几个大孩子混在一起。这些大孩子都是“社会人”，成天不是跟人打架就是找人要钱。与他们在一起让刘健觉得很开心，又有好吃的好喝的，还有好玩儿的。这样的生活一直持续到2002年，这一年刘健小升初。

就在小升初最关键的时期，刘健的母亲回到北京。在母亲的督促下，刘健以班级第二名的优异成绩考入北京一所重点中学的数学实验班。

刘健升入初中后不久,母亲又去了武汉。初一下半学期,由于英语成绩不好,刘健没能保持住自己在年级的排名而从实验班刷了下来。老师找来刘健的父亲谈话。父亲什么都没问就揍了刘健一顿,然后说:“行了,你也甭学了,破罐子破摔,爱干什么就干什么吧!”

父亲的态度让本来就很沮丧的刘健更加失落。随后的两年,刘健干脆就不学了,“虽然人没有离开校园,但已经完全放弃学业了”。

刘健的变化不仅来自学业上的打击,还有就是时常被学校里的体育特长生欺负。这些都使他觉得在学校里学习没有用,学习再好也会受人欺负,于是他开始跟朋友出去打架、要钱,这不但使他觉得很风光,而且传到学校里后,那些特长生再也不敢惹他了。

刘健就这样过完了他的初中生涯。2007 年 1 月,他与同伙的活动范围扩大,言语上的威胁也变成了暴力的殴打。最终他于 2007 年 2 月被捕,并因涉嫌抢劫判刑。

“我知道什么是对,什么是错。但我宁愿干错的,因为打架让我在学校、在人际关系上站住了脚。”谈到打架的时候刘健这样说。对刘健来说,重要的不是他能不能抢到钱,而是他的行为能带来心理收益。无论是最开始的要钱、打架,还是后来的抢劫,这类行为在某种程度上都能够带给实施者一种控制感和自信。

在这种行为模式下,像刘健这样的实施者是有力量的,能够操控别人,并且让他们感觉很“风光”。但从另一个层面来讲,一个人如果需要用这种不被社会所接受的方式来寻求一种自信和控制感的话,这也说明在实际生活中,他可能是很弱小、很自卑的。

以刘健的经历为例,他在来北京之前,除了父母不在身边,其他的情况都还比较好。但他来到北京后,接二连三地出了很多问题。先是父母不和,然后是母亲离开北京,他和父亲独处。父亲常常酒后殴打他,这种殴打有时会很重,并且是刘健完全无法预期和控制的。对于一个十来岁的孩子来说,他除了躲避和忍受什么也做不了。

不仅如此,在刘健父子的关系模式中,刘健还严重地被贬低。当他从重点班刷下来时,他是极其渴望父母能够给予他安慰或是鼓励的,但是父亲却否定了他。虽然,那只是父亲一时的气话,但孩子只会做直接的理解,这对刘健是一个很大的打击和贬低。这种评价和反应让刘健感到自己是没有价值的,是不被重视的,也使刘健没有信心和力量改变自己学习状态。从那一天开始,他放弃了他的学业。

专家剖析

虐待让他学做“强者”

孩子往往是透过父母的眼睛来看自己的,如果父母觉得他好,他就觉得自己很不错;如果父母表现出对孩子的不悦,或拿自己的孩子与别人比较,孩子通常对自己不甚满意,这是一个人消极的自我形象形成的根源。

在与父亲的这种虐待的关系模式下,刘健“学”到了什么呢?其实他学会了如何成为一个强者,成为一个不被欺负的人。如果不想忍受被人欺负或是为此担惊受怕,除非自己成为父亲那样的角色,成为暴力的实施者而不是承受者。

所以,刘健才会认为出去混、玩、打架是很风光的事情。因为这些在他的关系模式中都是“父亲”这个角色才可以做的事情。当他有机会成为这样一个人的时候,他是不会拒绝的。正如刘健自己所说,即便知道自己做的是错的,他也愿意这么干。因为通过这种关系模式上的扮演,他可以成为一个有力量、有控制感、自信、不用担心被欺负的角色。而这恰恰可以弥补自己内心中对自我价值的否定带来的自卑。

除了通过这种适应不良的模式来“克服”自卑以外,刘健提到他在打架中能够宣泄压力。所谓压力,心理学上也称为应激,是指个体对知觉(真实的或者想象的)到的威胁(对精神上的、身体上的、情感上的健康的威胁)感觉没有能力应对时,所导致的一系列的生理反应和适应性调整。

压力事件会唤起我们很多的情绪反应,当这些情绪体验积累到一定程度时就需要个体使用某种方式进行排解。对于刘健来说，离开从小照顾自己的姥姥、姥爷来到北京，母亲的离开，被父亲身体虐待的关系模式，在学校被人欺负，学业成绩的下降……这些大大小小的事件都对他构成了压力，也会引起不同强度的情绪体验。

当我们面对众多压力的时候，我们会寻求亲密人的情感支持，并寻找合适的方法来解决压力事件。但对于刘健来说，他来到北京后除了妈妈间断地、短暂地陪伴之外，再没有人能够给他提供情感上的支持。而他唯一能够学习到的“缓解压力”的方法则来自他的父亲。可以想象，当一位父亲使用暴力殴打的方式来发泄其压抑的情绪时，孩子自然可以学习到，这种学习过程甚至可以是无意识的。所以，当初中发生的诸多事件最终超出刘健的心理承受底线时，他也将无法避免地使用暴力的方式来发泄其积压已久的情绪。

世界著名的精神分析师，个体心理学创始人阿德勒曾说过：“人类所有行为都是出于自卑感以及对自卑感的克服和超越。”然而不幸的是，刘健还没有强大到可以独自承受他所承受的这一切。更不幸的是，刘健还不知道，他所用来克服自卑的方法也只是悲剧式的模仿自己的父亲，那位被自己所恨恶，被自己说成是“每走一步都是失败的，彻底失败”的父亲。在这句话的背后，我看到的是更深更重的自卑感，以及一份极为沉重的无助和无奈。

在谈话的最后，我问刘健对他自己有什么期望？他的眼圈再一次红了，沉默了一会儿，认真地说：“要做大事，我要经商。”我问他觉得做商人要具备哪些条件时，他描述了一些商人需要具备的素质，又谈到了爸爸失败的原因以及自己最近在看的书。

刘健说他特别爱看书，为了多一点时间看书，他劳动的效率特别高。爱看书也是受爸爸的影响，“记得爸爸曾说‘书能告诉你很多东西’，我爸说的是对的。”我留意到他说这句话的时候眼睛湿润了，但很快就恢复了正常，我想，这是他关于父亲的不多的温馨记忆，在他看来是多么的宝贵，这也是他内心里对父爱的深深渴望。

我相信，他将带着这份渴望去实现父亲未能实现的经商梦，带着对自己犯罪的痛悔改写自己的未来。（文/万秋实　杨寅）

No.11 心灵对话:网瘾让他去偷窃

——你可曾留意“分离焦虑”

[引言]

他是在农村长大的孩子,4岁时就失去了母爱,在少言寡语的父亲看来,儿子“没有冻死、饿死”就是健康的。年仅17岁的他,只因为没钱上网就走上了偷窃之路。

心理专家告诉我们:父母是孩子的第一任老师,也是孩子成长中重要的导师。对母亲完全没有印象的雪强,得不到母爱和母亲的教育,为了生存不停地忙碌的父亲,又能给他多少父爱和教育?每一次父亲离家,他就不得不承受越来越强烈的分离焦虑。这种成长早期多次的分离焦虑,给他造成了严重的心灵创伤。

非常故事

孤独不幸的童年

“他是个非常可怜的孩子。”北京市门头沟区人民法院少年法庭的许芳法官表情凝重地介绍他:“4岁母亲去世,家里生活困难,父亲一直没有再婚。父亲不善言辞,孩子语言表达很像父亲,问什么都只用一两个字来回答,沟通起来很困难,甚至让人感觉有些冷漠。”

“会见时,孩子的父亲是由孩子的舅舅陪着一起来的。我问的问题基本上都是由舅舅来回答的,父亲在旁边没什么表情。即使我问孩子有什么优点和缺点,父亲也只是摇摇头。反倒是他舅舅一再地说'农村和城市不一样,只要孩子没有冻着、饿着就是健康的'。当父亲听我说孩子觉得没脸告诉父亲他所做的事情的时候,一直默默无语的父亲潸然泪下,让人心酸。"许法官说。

他就是王雪强(化名),17 岁,河北邢台人。2007 年 6 月因为与三位同龄人盗窃电缆而被捕。见到他时,他并没有穿着囚衣,而是一身蓝色校服,看上去与普通高中生无异。一双黑溜溜的大眼睛带着一丝希冀、一缕迷茫,还有些许无奈;一张圆圆的脸上长着几粒微红的青春痘,透着一丝憨厚,又招人怜惜。

王雪强出生时正值 2 月,那天恰逢下雪,所以他的名字里有个"雪"字,寄托着父母对他纯洁、美好的希望。和许多孩子一样,雪强也喜欢雪,尤其喜欢堆大大的雪人。然而不幸的是,他从来没有关于和妈妈一起快乐地堆雪人的记忆,甚至对母亲"完全没有印象"。在他 4 岁那年,母亲去世,雪强从此失去了母亲温暖的怀抱,更不知道什么是母爱,只是与父亲相依为命。在农村,父亲每天忙于务农,一天下来,还得照顾幼小的雪强,原本就不善言辞的父亲就越发地沉默了。父子间几乎没有了交流。

每年 4 月,雪强的父亲都会外出到各个建筑工地做小工,直到第二年的春节前夕才回家。雪强五六岁时,由于一个人在家害怕,父亲就在农忙或外出打工时将雪强送到同村的爷爷奶奶家。雪强与爷爷奶奶感情很好,两年前爷爷去世时,雪强哭了两天两夜。上小学后,雪强就一个人在家,小小年纪就自己照顾自己的饮食起居。

父亲为了雪强一直没有再婚。虽然亲戚大都在同村,但很少往来。雪强只有一个好朋友,就是同村比他小两岁的同学小通(化名)。在雪强眼里,小通的妈妈很好,常常给他一些好吃的,但他从未主动喊过她,也没有对她说过一次"谢谢"。因为没人教过他。

既当爹又当娘的父亲还是尽力关心孩子的学习。"我四年级时因为贪玩没写完作业却谎称写完了,爸爸不知道就让我出去玩了。"说到这,雪强脸上露出一丝微笑,一眨一眨的眼睛闪着亮光:"爸爸从不检查我的作业。第二天早上起来我再匆匆补写作业，七八天以后就被爸爸发现了。爸爸问我为什么早上写作业，还教训我以后写完作业才能出去玩。”对于孩子的成长，父亲的关心仅限于此。

小学毕业时雪强学习成绩一般，由于生活特别困难，他被照顾进入邢台市免费接受教育的寄宿学校就读。在这里，他和好朋友小通依然是同学。初一时，他们迷上了网络游戏，两人常常违反学校规定偷着去网吧玩游戏。从此，他们对学习越来越没有兴趣。

“爸爸从未打过我，只有在我初一退学那次。”初一的第二学期，雪强唯一的好友小通退学了。雪强说：“我在学校没有其他的朋友，他退学了，我感到很孤独。”小通退学一个月后，雪强逃学回家。三天后，因农忙一直住在地里的父亲回家，发现了雪强。雪强告诉父亲他不想上学了。父亲第一次也是唯一的一次打了雪强。“爸爸边打边哭，我也哭了。其实玉米秆打在身上并不是很疼，我哭是因为心里疼，爸爸从没打过我。”

“后来我赌气跑到二舅家，二舅也劝我上学，我不听。午饭和晚饭都没吃。晚上10点多，爸爸去二舅家找我，对我说如果实在不想上，他就不逼我了。于是我高高兴兴地跟着爸爸回家了。”那一年，雪强13岁。

退学后，雪强在家帮父亲干家务活，其他时间大都是在玩游戏。“每天与小通一起玩游戏，他也常常住我家。爸爸通常有9个月的时间外出打工不在家，都是小通陪着我。”从小失去母爱，常常缺失父爱的雪强内心极度孤独、寂寞。

2006年9月，16岁的雪强和小通随着雪强的表哥来北京做保安，三个人都被保安公司派到门头沟某公司。“除了值班，每天有许多空闲时间。我与小通就去网吧玩游戏。”说到网络游戏，雪强立刻兴奋起来，大大的眼睛立刻明亮了许多，全身似乎也充满活力。

“我的网名叫‘生死联想’，是小通给我起的，他说挺符合我的。我也不知道什么意思。对于游戏里死人流血，没什么感觉。”缺失教育的他对于与生命息息相关的流血，无动于衷。

沉迷于网络游戏的雪强,虽然工作两个月后工资从700元涨到950元,吃住不花钱,但钱越来越不够花。他来北京的一年时间里,挣的工资大部分都花在网吧里。

为了每天能有钱去网吧玩游戏,2007年7月,雪强和表哥一起参与了盗窃电缆。对于盗窃的后果丝毫没有法律常识的雪强说:"第二天警察来抓人时我才感到非常害怕。作案时没想过后果,也不知道害怕。这件事只怪自己,怪不了别人。"

2008年1月17日,门头沟法院少年法庭的许芳法官本着"教育、感化与挽救"的初衷,判决雪强有期徒刑一年,缓期一年。

专家剖析

分离焦虑的创伤

雪强的成长历程,令人唏嘘却并不意外。从小失去母爱,常常见不到父亲,在孤独、寂寞、艰难中成长的孩子,那份无助与痛苦显而易见。初一退学使得雪强失去最起码的基础教育,而他对法律的茫然无知,又令人痛心。父亲虽然知道教育的重要性,但迫于生计和对教育子女的无知和无能,最终放弃了学校教育。而雪强只有从网络游戏中寻求慰藉、快乐和交流,从网络游戏中排遣内心深深的孤独、寂寞与无奈。他迷失在网络游戏中,形成网络游戏依赖,最终为能有钱玩游戏而犯罪。

其实,懂事的雪强从小学四年级开始就自己洗衣服、做饭。做保安后,他回家也会给父亲买礼物。"别人都有妈妈而自己没有,心里特难受,我常一个人偷偷地哭。"雪强无奈地低下头,眼里满含泪花。"我曾通过奶奶让爸爸找个后妈,爸爸不同意,怕后妈冷淡我。"渴望母爱的雪强强忍着眼泪,低着头。

父母是孩子的第一任老师,也是孩子成长中重要的导师。对母亲完全没有印象的雪强,不仅得不到母爱,而且得不到母亲的教育,甚至连替代的人都没有。父亲为了生存,不停地忙碌着,雪强又能得到多少父爱和教育呢?每一次父亲一离家,雪强就不得不承受越来越多、越来越强烈的分离焦虑。这种成长早期多次的分离焦虑、孤独、寂寞、没有安全感造成了雪强严重的心灵创伤，这种创伤是难以愈合的。这也是雪强为什么会在唯一的朋友小通退学之后坚持要退学的原因。雪强难以忍受与小通的分离，这种分离焦虑之强烈迫使他选择偷偷逃学回家。

雪强的父亲虽然意识到“上学”对孩子的重要性，但除了简单的“打”，他没有更好的办法。没有沟通和交流，也找不出原因，最后只好妥协。这是令人痛心的一幕，也是雪强成长历程的又一个遗憾。

雪强退学之后无所事事，便越来越迷恋网络游戏。这些作为父亲的不可能不知道，但却没有引起他的重视，这样的亲子关系令人担忧。

是比雪强大4岁的表哥带着雪强走出了家乡，看见了外面多彩的世界。也是表哥不仅没有阻止雪强对网络游戏的依赖，而且为了钱带着雪强一起走向犯罪。但是雪强并不怪表哥，他只怪自己。他觉得对不起很多人，特别是对不起含辛茹苦把他养大的父亲，对不起善待他的保安队长，对不起逝去的爷爷……

“将来我绝对不会做类似的事情。”雪强坚定地保证着。“在看守所里的感觉如‘人间地狱’，不是吃喝方面，而是心里的感受，我希望早一天离开，没有自由的滋味，难以言表。”声音一直细弱的雪强提高了他的声音。说到“人间地狱”时他重复了两遍，加重了语气。

“出去后我想读书，但不知道到哪读书。我也不知道能做什么，不回老家能去哪儿?”对于未知的将来，雪强木然地抬起头望着前方。他的内心有着对未来自由、美好生活的无限向往，同时，年少的他面对现实一片迷茫。

最后，他说或许他可以学习修手机。(文/李捷)

编者手记

与心理专家一起接触雪强之前，审理该案的许芳法官一再说雪强表现得很冷漠。但是当心理专家以他名字中的“雪”和雪人切入对话时，我看到雪强眼中的信任。近两个小时的长谈结束后，雪强悄悄地告诉书记员，他想要心理专家的电话，希望以后能和心理专家保持联系。

当许芳法官听心理专家说雪强将看守所比喻成“人间地狱”后，把开庭时间提前做了安排。再次接触雪强时，许法官发现“他比以前容易沟通了”。在法庭上见到父亲的雪强，一直在哭。许法官当庭对雪强宣判“判一缓一”后，他跟着父亲踏上了回老家的路。

No.12 心灵对话:发泄情绪,他选择了迪厅

——当家长的角色被取代后

[引言]

他是一个性格开朗的17岁男孩,从体育特长生到电脑尖子生,他的求学路并不坎坷,可这位花季少年偏偏迷恋上迪厅的灯红酒绿。为了支付高额的费用,他步入了行骗歧途。

心理专家告诉我们:家庭对一个人的影响是巨大的,在家长不履行引导角色的时候,他们的角色就会由朋友、同学,甚至是犯罪分子取代。

非常故事

缺少夸奖与鼓励的成长经历

在北京市海淀区人民法院的少年法庭内见到吴晨(化名)时,他刚刚从内蒙古老家回到北京。见到年轻的主审法官温小洁,他先是喊了一声"阿姨",随即改叫"姐",然后用左手挠了挠头,不好意思地笑了。将近1.8米的个头,一张帅气的脸,灿烂的笑容,让我很难将眼前的这个阳光大男孩与他的敲诈勒索行为联系在一起。"过年还好吗?"落座时我问他。他憨憨地一笑:"还行。"但我想这是一个不同寻常的春节,在辞旧迎新的日子,回首这一年吴晨所经历的,是让他终生难忘的。

2007 年 3 月,16 岁的吴晨从内蒙古来到北京学习电脑语言编程,准备参加成人高考。他这样形容自己的学习生活:“在学校老师要求很严格,每天都要对着电脑,心里很烦。”为了排解压力,他和几个朋友经常会去迪厅玩。“有时候玩得比较 high,把身上的钱都花光了”。他们去的迪厅,价位从几百元到一千元不等,有钱的时候就会去好一点的,没有什么钱的时候就会去一些比较便宜的、偏僻的迪厅玩儿。

一次,因为玩得太高兴了,他们竟然忘了留下回学校的车钱,滞留在北京近郊。于是,吴晨的朋友小 A 设计了一个骗局——吴晨假装生病,到私人诊所开药,并在服药后假装出现不良反应,由小 A 向医生索要赔偿。由于这位医生没有正规的医疗机构执业许可证,担心事态扩大,就加倍赔付了他们。有了这次“成功”的经验,他们多次施技,在 2007 年 6 月到 8 月之间,以同样的方式先后 4 次诈骗,涉案金额共计 5500 元人民币。吴晨和他的几位同学因涉嫌敲诈勒索于 2008 年 1 月接受审判,吴晨被判处管制 3 个月。

被问到为何要去迪厅,吴晨说这是他发泄心中烦闷的一种方式。“在老家的时候,中考结束后的那几个月无事可做,很无聊,一次偶然的机会,我和同学到一家迪厅去玩,发现那里很不错,能够让自己很放松,就迷上了。”从那以后,吴晨只要感觉不开心,就喜欢去迪厅。迪厅成为他放松减压的场所。

吴晨出生在一个军人家庭,他的父亲和爷爷都是军人,不善言谈。母亲是公司职员,因为工作忙,陪吴晨的时间不多。在吴晨的成长过程中,很少得到父母的鼓励和赞美,更多的是批评和要求。父亲说话很刻薄,经常说的一句话就是:“你看某某学习多好,你看看你。你为什么不能像某某?”就这样,吴晨和父母的交流越来越少:“我学习成绩一直不好,我爸不是打我,就是损我。我妈也骂我,有时也能开导开导我,但不多。”

我试图帮助吴晨回忆一些美好的瞬间,引导他仔细想想,父母是否曾经用言语或身体语言表达过对他的爱与欣赏,比如跟他说“我儿子真棒”,或者是拥抱他,拍拍肩膀什么的,吴晨不假思索地摇摇头,说:“从来没有!”看着吴晨肯定的表情,我看到了他内心深处的伤害。

如果孩子没有感受到被父母无条件的爱和接纳，他会没有安全感，不会与父母谈起学校发生的事，不会诉说他遇到的困难和压力。失去了与父母沟通机会的青少年会付出多少代价？无法进入孩子世界的父母将错过多少帮助他们的机会？

因为得不到父母的爱与欣赏，所以吴晨从小到大，在感到痛苦和害怕的时候从不会向父母寻求安慰和支持。他苦笑着说他小时候父母经常吵架："他们一个在（屋子）这头，一个在（屋子）那头，两个人就对着吵。"而夹在中间的他，只能"劝劝这个，再劝劝那个"。说话时，吴晨眼中充满了无奈和茫然，很显然，他不擅长这种劝说。我想象到那幅场景，内心一阵酸楚。面对父母的争吵，孩子内心一定充满了恐惧，但他还要压抑自己的情绪，小心翼翼，避免矛盾的进一步升级。

专家剖析

错误的减压场所

今天的青少年面临许多的压力，繁重的学业、父母的期望、社会的竞争……加之青春期生理和心理产生的一系列变化，让他们更为敏感脆弱，此时的他们最需要的是家庭的温暖和父母的关爱。然而，有些父母却忽略了孩子的感受，甚至没有意识到自己的行为，以及自己和配偶、孩子之间的互动会给孩子带来多么巨大的影响。

在儿童成长和发展特别是社会化发展的过程中，父母的榜样作用对于儿童行为和性格的塑造都有着至关重要的影响。儿童会模仿和学习父母的行为方式和沟通中的互动模式。如果父母能够为孩子树立一个好的榜样，就能够教会孩子如何正确适宜地与他人沟通，学会调节和控制自己的情绪，应对成长过程中的各种压力。

相反，父母在这些方面的不足也会影响到孩子，使得他们长大后的行为和互动模式中存在缺陷，使得孩子在面对压力和挫折时缺乏应对的能力。在吴晨身上我们也看到这种影响,他的释放压力和不良情绪的方式似乎过于单一,除了去迪厅以外,没有其他的方式能够帮助他调节或者发泄情绪。

虽然吴晨经常去迪厅发泄情绪,但他并不喜欢迪厅里的一些人,常常避而远之。他只是喜欢跟几个好朋友玩。他把这几位朋友看得很重,他甚至一点都不后悔交了策划骗局、带他步入歧途的小A这个朋友。他说:“只要对我好就是朋友,也许小A在别人眼里并不是很好,但他对我好,我就愿意跟他交朋友。”他这样“忠于”自己的朋友,其实也跟他童年的生活有关系。他父母会经常吵架,而他则是左劝劝右劝劝。

事实上,在一个家庭中,孩子通常是最没有力量的个体。孩子在家庭中为了要生存,必须尽力讨好父母。父母吵架对于孩子的生存和安全其实也是一种潜在的威胁。所以,在这种环境下成长的孩子通常会发展成一种不安全的过度的依恋。这导致在日后的人际关系中,这类个体也会过分地依附于其他个体,即便他们会给他带来不安全感,但放弃这段友谊对他来讲是更为困难和不能忍受的。这也许也是吴晨如此“忠于”朋友的原因之一。

这也似乎证明了心理学的研究,家庭对一个人的影响是巨大的,在家长不履行引导角色的时候,他们的角色就会由朋友、同学,甚至是犯罪分子取代。我相信,如果父母能履行他们的角色,用爱心引导孩子,就能满足孩子最大的需要。

在与吴晨的交流中我发现,吴晨对自我形象评价不高。自我形象,简单的讲就是一个人对自己的认识与评价。拥有健康的自我形象的人,通常会比较爱与接纳自己,从而表现的自信、乐观,有更强的心理防御能力,以积极的状态应对各种压力。

吴晨的自我评价比较低,他形容自己“挺笨的,学习不行”。在交流的过程中他多次对自己做消极的评价。这样的自我评价,就可能使他对周围给予的评估非常敏感和关注,哪怕一句随便的批评,都会引起内心很大的情绪波动和应激反应。比如吴晨在初中时的一次经历,一位数学老师把他叫到教室前面罚站,他自此之后就不愿上这位老师的课,考试时会做的题目也不想答。遇到困难的时候,选择放弃或逃避成为了吴晨的一种习惯。

那么,自我形象是怎么形成的呢？一般来讲,一个人在0到6岁时,他所获得的身边的人对他的评价的信息,就形成了他的自我形象。我们可以用一句话来概括:"孩子通过爸爸妈妈的眼睛来看自己。"吴晨的爸爸妈妈经常拿他和别人比较,表现出对他的不满,这也使得他对自己不甚满意,他甚至从来不参加爸爸妈妈的活动,免得自己在别人面前被数落。

吴晨说:"我喜欢迪厅里的灯光、音响,感觉很放松。"也许,是因为在那样幽暗的灯光和嘈杂的音响中,他可以把自己很好的隐藏,完全的放松。

在对话即将结束的时候,我问到父母知道这件事后是怎样反应的,吴晨沉默了一会儿,眼睛湿润了:"他们二老哭了,他们虽然对我严厉,但还是心疼我的,我知道他们是爱我的。我以后一定不让他们再为我哭。"

通过这件事,他们一家人学会了沟通。吴晨说:"出事后,爸爸每天给我发短信鼓励我。"现在,妈妈也来到北京陪伴他,他说他要考大学,将来要当网络警察。

在生活中,我们无法避免地要面对压力,不少心理实验证明,适当的心理压力能增加我们的警觉性。如何能帮助青少年面对压力呢？首先,认清压力的来源,不要逃避压力,而是反思压力的来源;其次,倾诉内心的感受,心理学实证研究证明,倾诉能有效缓解内心的压力;最后,适当的运动也可以使心情放松。除此之外,作为父母,最重要的是满足青少年对爱的渴求,青少年出现偏差行为的主要原因,归根究底都跟缺乏爱有关,这并不是说他们的父母不爱他,而是有许多青少年感受不到父母对他们的爱,学习如何向其表达爱,是我们中国父母特别要学习的。

青少年时期是人生的转折点,很多学者将这个时期称作"暴风时期"或"狂飙时期",这个时期的心理历程犹如一次风暴中的旅行。吴晨在这段旅程中经历了挫败,希望他能从中学会如何面对挫折、面对压力。(文/万秋实　杨寅)

No.13 心灵对话:他在被伤害中成长

——“安全感”来自父母的关爱

[引言]

他只是一个普通的初三学生,却因为父母给他买的一部高档手机而在校内“闻名”。然而,出名的结果就是手机被抢。虽然抢劫者受到法律的惩罚,他却走不出受害的阴影。

心理专家告诉我们:他走不出心理阴影的深层次原因是,父母对他的精神关爱太少,以至于他在潜意识中缺乏安全感。一旦有事情发生,这种不安全感就会爆发出来。

非常故事

漂亮的新手机被抢

事件发生时,刘彬(化名)还是一名初三的学生。他所在的中学规模并不大,初中三个年级总共就1000多名学生。学生之间,可能不知道对方的姓名,但多半都有些脸熟。

2007年年底,刘彬的父母给他买了一部漂亮的诺基亚手机,出于新鲜和炫耀的心理,他在学校里不时会把手机拿出来,和同学一起玩手机上的游戏。几天后,很多人都因为这部手机知道了刘彬的名字，而祸根也就此埋下。

事发当天，刘彬刚走出校门，就被一个学生模样的人叫住，说有人找他，随后将他带到一处较为僻静的地方，那里“埋伏”着两个个子高大的男生。

“把你的手机拿出来。”其中一个人语气蛮横地对刘彬说道。刘彬很快明白将要发生什么事。他简单地反抗了一下，就乖乖地交出了手机，对方满意地扬长而去。

见他们走远，刘彬立即就近借了同学的手机，拨打了110报警。回家后又马上将被抢的事告诉了父亲，父子俩去派出所做了笔录。

刘彬没想到，案件很快就告破了，而且是他亲手抓的抢劫者。“几天后，我和我爸开车出去，在车上我一眼就认出站在路边的一个人就是参与抢我手机的学生。我爸迅即停车，我俩将这个学生扭送到了派出所。”之后，参与此次抢劫的4个人全部被抓获，他们都受到了相应的处罚。

如今，事情已经过去半年多了，刘彬却一直没有走出阴影，甚至影响了他的中考成绩。“他因为手机被抢这事受到了心理伤害，上课不能集中注意力，一学期都不能好好学习，严重影响了中考。而且，现在他身边也围了几个小哥们，天天混在一起，我怕他会做出抢别人的傻事来。”刘彬的父亲告诉此案的主审法官李婧。

正是因为刘彬父亲的担心和主审法官的责任心，我见到了刘彬。

刘彬的外表看起来比同龄人要小，但他说的话却显现出成熟和哲理，很显然，手机被抢事件使他学到了很多东西。

我问他：“为什么他们会选择你来实施抢劫呢？”

他回答说：“说明我有问题呗。我那时太爱显摆了，虽然是为了好玩儿，但在同学面前炫耀自己的手机漂亮、功能多，这就是问题，所以才被别人盯上了。我以后再也不会显摆了，现在我没有买新手机，连手表都不戴了。如果再要手机的话，就买那种能打电话、发短信的就行。”

在被抢完手机后很长的时间里，刘彬总是不断回想被抢的过程和细节，造成了学习时不能集中注意力。然而，这个可爱的孩子并不像他父亲描述的那样“被抢后，和一帮屁孩儿在一起瞎混,都快成老大的样子了”。刘彬告诉我,他的爸爸并不了解他。他确实在事发后不再单独放学回家,而是和几个好友一起走,这只是为了获得安全感,担心一个人在回家的路上再被“坏人”暗算。他们在一起只是玩儿,不会打人、不会做不好的事。

刘彬说的话给我留下了深刻的印象,他在谈到自己交友时说:“老师,我瞧不起那些一起混的孩子,他们那是混,我们是在一起玩儿,做喜欢做的事情。”而他说的喜欢做的事情,就是玩轮滑,那是在北京孩子中很流行的一项运动。刘彬已经有了自己清晰的是非观,在被抢劫之后的半年时间里,他进行了很多深刻地思考。

“这件事本身是不好的,但坏事也能变成好事,让我想了好多事情。我这次中考没考好,但还是可以上职高,我还是有未来的。以后,我再也不会因为发生什么事情就影响自己的学习了。”刘彬很严肃地说。

我真切地感受到,被伤害的刘彬,因为伤害而成长了。

结束谈话时,我问他:“如果你再被抢劫怎么办?抢你手机的那几个人以后如果报复你,你又怎么办呢?”

他毫不迟疑地回答说:“如果被抢劫,我还是好汉不吃眼前亏,给他们东西,然后报案。如果他们报复我,那吃亏的是他们,他们会再被警察抓的。”

刘彬是聪明的,他选择的方式也是充满智慧和勇敢的。他用自己的亲身经历告诉所有未成年人:第一,遇到抢劫的时候,一个未成年人不可能赤手斗歹徒,把东西交出去是最好的选择;第二,抢劫发生后要尽快报案,记住抢劫者的特征,以便破案;第三,总结原因,想想都有哪些因素让自己成为被抢劫的目标,从而避免这些因素的继续存在;第四,接受教训,增强心理承受力,走好后面的人生路。

专家剖析

精神关爱比物质满足更重要

按理说，刘彬被抢劫的过程没有暴力、没有严重的胁迫，为什么他会存在较为严重的心理阴影，用了半年多的时间才走出来呢？在对话的过程中，我找到了问题背后更深层次的原因：父母对他的精神关爱太少，以至于他在潜意识中缺乏安全感，一旦有事情发生，这种不安全感就会爆发出来。

刘彬的父亲工作很忙，一个星期只有两三天晚上回家住，即使回家，也已是半夜。刘彬很少能见到父亲的面，更别说聊天、说心里话了；刘彬的母亲是位全职妈妈，但很少管他，因为母亲有一个热烈的爱好——打麻将。每天，刘彬独自去上学、放学。放假的时候，他和母亲都很晚起床，吃完饭后，母亲就出去打麻将，刘彬自由支配自己的时间。可以想象，在刘彬的生活空间里，会存在多么大的孤独感。陪伴他的，是游戏、轮滑和伙伴。他吃穿不愁，几乎要什么有什么。刘彬说只要是他想买的东西，爸爸妈妈都会满足他。但，他并不快乐。

“我爸爸是 3 年前换的工作，妈妈也是那时候辞的职。在那以前，我们 3 个人经常在一起，虽然家里没什么钱，却过得很开心，那时候的生活比现在好。”我很希望刘彬的父母能听到儿子这些发自内心的话，可惜我没有机会见到他的父亲，而他的母亲也只是将孩子带到我面前就转身离开了。

按照著名的马斯洛层次需求理论，一个人存在高低层次的需求。最低层次的需求是生理需求（如吃穿住行），然后是安全感和爱的需求，最高层次的需求是成就感。除了最低层次的需求外，所有其他层次的需求都和心理健康有关。如果一个孩子没有安全感，得不到精神上的爱和抚慰，就极有可能出现心理障碍。像刘彬这样的孩子，父母实际上只满足了他最低层次的需求，他缺少爱、缺少安全感，这是造成他被抢后心理问题的根本原因。

生活在大都市的孩子,尤其是那些经济条件宽裕家庭的孩子,物质需求很容易得到满足,父母以为自己努力挣钱给孩子优越的物质生活、给他们交钱上好学校就是爱孩子。殊不知,这样的爱是没有温暖的爱。孩子要的,不是冷冰冰的金钱、光鲜的名牌衣服、饭店的大吃大喝,而是父母关爱的眼神和亲切的呵护。

幸运的是,刘彬的父母注意到了儿子在被抢劫后的心理变化,虽然他们并没有真正了解这种变化的根源所在,而且还有些夸大其词的误解。他的父亲甚至担忧儿子和那些半大小子在一起,是存在"以牙还牙"的心理,要去抢劫别人。其实,只要他们和刘彬坐在一起,听听儿子的想法,就足够治疗孩子的"心理疾病"了。

给孩子多一点时间,在他成长的路上多给他一些心灵的交流,是父母须谨记的事情。当孩子受到伤害时,更需要静静地听孩子诉说,给他心灵的支撑,不要让孩子一个人在阴影中苦苦挣扎。假如刘彬的父母能多陪伴他,那他就不会花半年多的时间来走出黑暗,并付出了中考失利的代价。更何况,不是每个孩子都能像刘彬一样独自让心灵的伤口愈合。

人都会受伤,医治心灵上的伤害,宽容比仇恨的疗效要好,不管这样的伤害来自何人、何事,这是一条心理定律。

与刘彬交谈之后,他轻松了很多,也宽容了一切——

宽容抢劫者:"他们也是没钱了,想找点儿钱花。其实他们卖了我的手机后,听说只是买了点儿衣服,而且现在已经把钱还给我了。我认识其中的学生,他们平时也不是坏人。"

宽容父母:"我爸挣钱也挺不容易的,他确实忙,不可能总陪着我。我妈一个人在家也确实没意思,出去打打牌、混时间,是可以理解的。再说,事情发生后,他们还是非常关心我的。反正我已经长大了。"

宽容学校:"我报案后,学校对我还挺不满意的,还批评我,怪我为什么没有先告诉学校。这也可以理解,学校要保护自己的声誉嘛。"

宽容自己："我发生了这样的事，学习受到了影响，这没什么。和我一起玩儿的朋友中，好几个人的成绩都很好，其中一个朋友还要和我上同一所职高呢。我们说好了高中一起努力。"

宽容并不意味着没有原则，只是当宽容植入内心时，人就会因此而变得快乐。（文/陈华）

本案主审法官手记

在审理4名未成年被告人抢劫手机一案中，我发现相对价格昂贵的手机被抢走而言，被害人——初三男孩刘彬心灵上受到的伤害更大。为了避免刑事未成年被害人因精神创伤得不到抚慰而成为社会的不安定因素，使当事人充分地感受到司法的人性和关爱，我联系了心理专家为刘彬进行心理辅导。

通过这次心理辅导我发现刘彬是个可爱的男孩子，虽然因为被抢劫存在较为严重的心理问题，并付出了中考失利的代价，但是从心理专家那里我了解到刘彬已经从那个阴影中走了出来，并且从中学到了很多道理。"被伤害的刘彬因为伤害而成长了"，这让我们都备感欣慰。

此外，另一个更大的收获就是将心理辅导的裨益进一步延伸至未成年被害人的家长。辅导结束后，我与刘彬的父母交流了通过心理辅导了解到刘彬的情况以及心理专家对父母的建议。刘彬的父亲表示因为自身工作较忙，对孩子的关爱确实不够，通过此次辅导受到很大启发，使他认识到多一点时间给予孩子心灵上的沟通和关爱的重要，并对心理专家及法院再三表示感谢。

No.14 心灵对话:以盗窃谋生的少年
——学会原谅孩子的错误

[引言]

18岁,本是从少年到成年的转折点,但对陈中(化名)来说,却是从劳动教养到劳动改造的分水岭。从15岁到17岁,他三次被捕。刚满18岁的他,再一次因盗窃站在被告席上。

心理专家告诉我们:陈中在第一次偷窃的时候就知道这样做是错的。他"迎错而上",是为了得到父母的原谅和接纳,甚至在潜意识里渴望父母因此改变对自己的态度,不要在经济上苛求自己。

非常故事

三年的盗窃生活

2009年1月的一个下午,陈中在北京一家网吧上网聊天、打电玩,一番酣畅淋漓的网际漫游之后,他准备离开。瞥了一眼自己邻座的女孩,还在投入的聊天,就在起身的瞬间,他临时起意将女孩身后的包拿走了,并迅速离开网吧。当女孩发现自己的包不翼而飞时,陈中早已扬长而去。

女孩通过网吧监控器的回放看到了陈中顺手牵羊的过程,然后迅速地察看陈中用过的电脑，一个意外发现成就了两天后戏剧性的一幕。也许是陈中走的过于匆忙，电脑上的QQ没有关闭，女孩根据电脑上的QQ号加了陈中为好友。

两天之后，陈中又来到这家网吧上网聊天，发现有新“好友”，并且“一见如故”，与其聊的很开心，对方也非常热情，要求跟他视频聊，陈中欣然答应，在陈中投入的注视着这位“好友”侃侃而谈时，女孩已经从视频图像中认出陈中，并确定他所在的正是她印象深刻的网吧，她马上打电话报警，陈中被当场抓获，而这一天正是陈中18岁的生日。

出生于河南农村的陈中，小学五年级就辍学在家，父母带着姐姐常年在外地打工，他与奶奶在家务农，平静、简单的生活因一次探亲彻底打破。

2006年春节，刚满15岁的陈中到上海与在那里打工的父母团聚，父亲在一家工厂做技术工人，母亲做清洁工，姐姐在一家民营企业打工。虽然父母、姐姐租住的房子并不大，但在陈中眼中，他们像是生活在天堂。上海的繁华让陈中大开眼界，他在这里学会了上网，好像发现了另一个世界。每天陈中都游走于上海的网吧和游戏厅，这让爸爸非常恼火，经常责骂、数落他，并不再给他零用钱。陈中想在上海找份工作自食其力，但找了两个多月，没有用工单位录用他，理由是他未成年。

没有“经济来源”的陈中只好回到河南老家。此时，这个宁静的山村，在陈中看来落后而沉闷，他经常到县城上网、逛街。一天下午，他路过一个小商店，见里面没人，就走进去将钱盒里的几块钱拿走，“当时我实在忍不住”。

“奶奶不给我零用钱，她没钱，我爸也不给我钱，我才那样做！”在陈中看来这是一个充分的理由，没有什么罪疚感和恐惧感，致使他一而再、再而三地盗窃。

2006年，陈中因盗窃两次被拘留；2007年，他又因盗窃被劳动教养一年。2008年9月，刚刚被释放的陈中又在一家商店趁无人之机将店内抽屉里的皮包拿走，包内现金一千余元。用这一“大”笔钱，陈中给奶奶买了药，还为奶奶“办了大寿”。他告诉奶奶，钱是他给人家干活攒下来的，奶奶没再追问。不久，陈中只身来到北京。

在北京陈中找到了一份在住宅小区当保安的工作，包吃住，但要工作一段时间后才能拿到工资。“我往上海打电话,想要钱,但我爸妈和姐姐都不给我。”在手头拮据的时候,陈中故技重施。在菜市场,他趁人不备将摊主的钱盒拿走,内有现金二百余元。陈中偷的钱主要用来上网,陈中很喜欢上网,在网络的世界里,他交到很多朋友,网络游戏也给他带来快乐和自信。如今,这份痴迷让他付出了代价。

在我见到陈中之前,石景山区人民法院的李靖法官向我介绍说:“一般的孩子都愿意让父母来探望,但陈中没有这样的愿望。对于未成年犯罪,法律规定,只要家长积极退赔,可以从轻处罚。所以我希望能通过电话联系陈中的父母,请他们来北京。但陈中对我说‘法官,你别打了,我爸妈肯定不听你说完就把电话挂了,他们不会管我的’。”

是怎样的成长经历造就了这样的亲子关系?我希望在与陈中的交谈中更多地了解这个家庭。

“我长这么大,他们就没抚养过我,就看我姐看得多。”陈中有一个比自己大四岁的姐姐,在陈中不到一岁的时候,爸爸妈妈带着姐姐一起去河北做生意,把陈中留给奶奶照看。在陈中6岁的时候,他们又回到河南老家盖新房,在这一家四口共同生活的不长的几年里,在陈中的印象中都是痛苦的回忆。

那一年陈中刚上小学,由于在班里年龄较小,学习成绩不太理想,老师经常会向家长告状,每当这时,爸爸都会暴打陈中。沉默了一会儿,陈中回忆道:“那时我上小学一年级……”停顿了很长时间,他继续说:“想起那件事,我就很难受!”陈中的声音有些哽咽:“小学一年级期末考试,学校让我们准备两支铅笔,我管我爸要钱,他就打了我,打得特别重,饭都没让我吃。”我很不解地问:“你要买铅笔,他就打你,为什么呢?”陈中满脸迷惑地说:“我也不知道!就因为我向他要钱,他就打我!”我又问他:“他是没钱吗?”他很急地回答:“他有钱,他有的是钱,他不往出拿,连我奶奶他都不给。”

在陈中看来,童年的经历很痛苦,在学校没有好朋友,“下课别的同学都在校园里玩儿,我就一个人在教室里待着”,而回到家里又经常被爸爸打:“他看我什么有一点儿做不好,就踢我几脚,打我两下。”陈中觉得唯一疼爱他的人就是奶奶。

“现在奶奶知道你的情况吗?”

“我不清楚，如果我奶奶知道了，心里会很难受的。”陈中几乎要流出眼泪。“那你猜想爸爸知道了会怎么说？”我问。陈中的声音马上变得很冷漠：“他肯定会说‘抓就抓了呗，咱也不管’。”稍停顿了一会，陈中接着说：“我和他没有任何关系了，我出来的时候就跟他说了，我没有你，你也没有我，我跟我妈妈也是这么说的。”陈中看起来对父母没有一点儿感情，“我心里很明白他们，就是跟没我差不多。”我追问：“有你姐姐吗？”他几乎不假思索地说：“有！”紧接着又补充道：“他们和我姐挺不错的，从小到大，他们三个过他们三个的，我过我的！”陈中有些气愤又有些无奈地说：“说白了，他们两个心里根本就没有我这个儿子。”

我看到陈中眼中的痛苦和失望，他继续说：“在我劳动教养时生病了，需要钱治病。警官通知他们来看我，他们特勉强来了，走时都不肯给钱，还是劳教的警官追出去才要来100元。”陈中边说边哭。“所以你不想让他们来北京看你？”我问。陈中平静了一下，说道：“我心里很清楚他们也不会来，我也不想看到他们！”我问他：“什么时候会想见到他们？如果有一天，你成功了你希望他们知道吗？”他快速而坚定地回答：“不想！”

专家剖析

他为何知错犯错

在一个孩子的成长过程中，即便是行为上最中规中矩的孩子也曾有过“偷窃”的行为，孩子这样做的原因很多，举例子说：觉得不公平——当孩子觉得同学或朋友伤害了自己，会通过偷对方心爱的东西进行报复；验证他人的反应——偷一个玩伴儿的东西，想看看他没有它时的举动，或者将幼儿园的东西带回家，看看父母、老师会有怎样的态度；试图证明自己的胆量——偷邻居家花园里的菜，只是想证明他不怕那位总是吓唬他的叔叔；得到更多的注意——为了能够得到忙碌的父母的注意，孩子可能会将父母的手表、首饰藏起来,因为这样就可以强迫他们与自己交流,即使这种交流是负面的。但陈中的偷窃原因属于另一种:他只是想逃避难堪的境况——与其向父亲讨要,还不如自己冒险去偷。

处在学龄期的孩子,无论是因为怎样的原因偷窃,如果家长处理得恰当,用坦白的、尊重的、充满爱的方式与孩子沟通,对事不对人,就可以帮助其在青春期之前,放弃这种行为。但反之,家长过分严厉地指责、惩罚孩子,则有可能对孩子的情感和自我形象造成伤害,从而使这种偷窃行为升级、成瘾,甚至发展成犯罪。

陈中就是如此,毫无疑问,陈中在第一次偷窃的时候就很清楚地知道这样做是错的,他希望能得到父母的原谅和接纳,甚至在潜意识里,渴望父母可以因此改变对自己的态度,不要在经济上对自己如此苛刻。但是父母给他的反馈是——对这个儿子彻底失望,这致使他放弃了试着变好的努力,“我没办法,只能偷”。

每个孩子在成长过程中都会犯错,而父母的教导方式和家庭关系决定了他是知错就改还是一错再错,这又是一个老生常谈的话题——家庭关系与犯罪行为之间的关系,这方面的实证研究是非常多的,在各个年代都得到了“高相关”的结果。

有犯罪行为的青少年的家庭有这样一些特征:家人之间感情淡薄,特别是父子之间的感情淡薄;父母放任子女或采取错误的管教方式;很少参与子女的活动,忽视或有敌视子女的倾向;父母之间关系僵化,矛盾重重,或父母本身具有犯罪行为。

很多研究还发现,重复犯罪的青少年常常在家中既不喜欢他们的父母,也不做家务。在陈中的家庭中,他与父母、姐姐之间的关系非常疏远。陈中有非常强烈的被忽视和孤立的感觉,他觉得自己从来没有得到父母的爱和抚养,在他看来他完全不需要这个家庭,这个家庭更不需要他。我想天下没有哪位父母是不爱自己的孩子的,只是有时这份爱被太多的失望掩埋,被长久的冷漠遮盖。

无论成长于怎样的家庭,今天的陈中必须面对自己的人生,已经成人的他要学会对自己的行为负责,靠自己的智慧和能力,重新思考和开创自己的未来。他告诉我,出狱后,他先找一家餐馆打工,学手艺,将来自己开一餐馆……(文/万秋实)

No.15 心灵对话:铁窗内的“好儿子”

——如何让孩子“放心地长大”

[引言]

小武被法警带来时,他的父亲老张明显地往心理专家身后退了一步,而小武的眼神也总是刻意地远离父亲。父子俩近在咫尺,心灵之间却似乎隔着一片大海。

心理专家告诉我们:孩子在成长过程中需要安全感。一方面是“吃饱、穿暖、身体健康、人身安全不受侵害”等生理方面的安全;另一方面是更为重要的心理安全,包括随时随刻能感受到他人的爱、感受到真实的鼓励、受到及时的保护……只有觉得安全了,才会放心去长大。

非常故事

我以为我爸不管我了

见到小武(化名)之前,主审法官告诉我,他是一个“屡抓屡偷的惯偷”,判刑和法官的教育似乎对他不起作用。

等待小武的时候,我先见到了他的父亲老张。这个中年男人,看上去很憔悴,眼睛里布满了血丝,眼角的皱纹一道一道的,似乎是刀子刻上去的,很深。他虽然试图微笑着和我说话,但是眼皮总是往下垂,不敢与我正视,像是一个犯了错的小学生。

他的每一句话中,总夹杂着叹息声。

小武被法警带来时,老张明显地往我身后退了一步,看了孩子一眼就赶紧把头低了下去。而小武早就看到了父亲,虽然他站在法警旁边不能动,但眼神总是刻意地远离父亲。

父子两人近在咫尺,心灵之间却似乎隔着一片大海……

与小武初步建立关系之后,我让他谈谈与父亲的故事。他没有说出什么,更多的时候是沉默。

可是,当我问他:"孩子,你看到你爸爸眼中的血丝了吗?"他的嘴角抽动了一下,眼泪随即流了出来。"你知道爸爸这几天晚上都在哪里睡的吗?"他一直低着的头慢慢抬了起来,看着我,眼神中充满了疑问。"孩子,你爸爸白天就在法院外面等着法官随时叫他,晚上就睡在火车站大厅,因为住旅馆太贵了。你知道他为什么要这样做吗?"此刻的小武,完全变成了一个泪人,抽泣着。"孩子,告诉我,他为什么不回家,而宁愿住在火车站?"小武只顾着哭,说不出什么。"因为他想见见儿子啊! 他不知道儿子怎样了? 他在乎你!"小武喃喃道:"我以为……我爸……不……不管我了。"

接下来,我一再鼓励小武与爸爸见一面,可是他却一直不愿意:"我不想让我爸爸进来,我不想……我想他,但是我不想见他。"他的这句话让我很疑惑,到底小武是因一种什么样的心理而不愿意见爸爸呢?

"可是爸爸一直在火车站睡,就是希望见见自己的儿子,你啊!"我的这句话终于让小武开口了,"姐姐,我不想让爸爸进来看我……我怕他难过……伤心。"小武又开始抹眼泪,低声说:"姐姐,你能见着我爸爸,帮我说一声对不起吗?"我继续问:"小武,你告诉我,你恨爸爸吗? 他娶了一个后妈,而后妈总是打你!"小武一边哭着,一边摇着头:"不恨!"

"对不起"和"不恨"道出了小武对于父亲最真实的感受和想法。天底下哪一个父母不疼爱自己的孩子呢? 天底下哪一个孩子不渴望父母的疼爱呢? 决定人与人之间的距离,不是路途的遥远,不是很久的未见,而是彼此对对方的感受和认知,是感受对方是否仍然在乎自己、关心自己。

小武12岁就离开了家,“因为她(后妈)老打我。有好几次,晚上她冲进我的房间,用木棍打我。那时候,爸爸不在家。有一次她用那么粗的棍子。”他说着用手比划了一下棍子的粗细,有一个拳头那么粗。“还有一次,她又打我,我就跑到我同学家躲起来,后来听说她拿着棍子来我同学家找我,我害怕,就从二层楼跳了下去……”在小武心中,虽然父亲没有打他,却对他被打的事情视而不见:“我爸爸知道她打我,他没管。有一次我洗澡他看到(我)背上紫了一大块,他没管。”

当我问他现在愿不愿意和爸爸回家的时候,他一直摇头,很坚决地说:“我不想回家,如果她在家,我就不能回去。”我追问道:“为什么呢?你现在已经长大了,18岁了,看看你的个子,看看你的拳头,你还害怕后妈打你吗?”“嗯!”小武坚决地回答,眼神中流露出一丝无助感。

儿童时期留下来的恐惧感以及不安感,有着强大的生命力,可能将伴随一生。有一些事我们忘记了,但是经历事情时留下来的情绪感受一定会被保留下来。因此,长大后的我们可能会有一些不符合年龄的感受,比方说对某件事情、某类人的莫名恐惧。

我们的谈话结束时,我问他:“孩子,你将来有什么打算吗?想做什么?”他说:“我想做厨师!小时候,我一个人在家,中午没人做饭,我就想当厨师。”我心里很高兴,他能有自己的一份职业愿望,这是很难能可贵的。随意地,我问了一句:“想给自己做一顿好吃的饭?”“不是,我想给我爸和我姐做顿好吃的饭。”

顿时,我的眼泪涌了出来,心被狠狠地揪了一下,可想而知,家和家人对于小武来说有多重要。

专家剖析

孩子需要充足的安全感

其实,小武并不是一个坏孩子,他屡次犯错,其实是“抗逆力”的一种表现。抗逆力,是指帮助一个人承受因逆境而生的许多负面影响的一系列品质。也有人定义抗逆力为“在更广泛的价值系统中的一种信念,可以帮助儿童在解决问题的过程中坚持不懈,或者从生活环境的诸多挑战中生存下来”。

有时候孩子犯错是他对抗逆境的一种方式,是让自己可以安全生存下来的途径。就像小武,最初的离家出走便是一种抗逆力的体现,尽管家里人对于他的离家表示很伤心,甚至很愤怒,因为家人觉得孩子离家出走是大逆不道的,是对他们抚养能力的一种否定,是对他们极大的不尊重。但是站在小武的角度,离开家是他当时唯一的选择,只有这样他才能远离暴力,才能感受到安全,而安全感是一个人生存下来的一种最基本的心理保障。

后来,小武的屡抓屡偷也可以视为一种抗逆力的表现,他没有工作意味着他没有收入,更意味着他没有让其可以生存下来的物质基础;而更重要的是他心理没有安全感,他需要那些所谓“朋友”的保护。

当小武拒绝回家时,他的眼神中流露出来的是无助和恐惧。其实,他已经 18 岁了,已经长成一米七多的大小伙子了,胳膊上也有了很多肌肉,可以说他是一个成年男性了;可是他却似乎仍旧害怕那个人——那个在他童年时期带给他很多恐怖经历的后妈,并因此不敢回家。也许有人会很不理解,甚至会为这个孩子的“懦弱”而感到失望愤怒。

其实,小武不是害怕这个人,而是不愿意再去体验童年时期留下的不安全感。这种不安全感不会随着年龄的增长以及体力的加强而消失。就像很多成人对某种动物的害怕，往往是源自童年经历一样。

有心理学者明确提出过：“爱和安全的需要是孩子首位的需要”，这种需要主要是指孩子需要体验爱的关系、连贯性和亲密情感；同时应当在一个安全的环境里不断地增强独立性。说白了就是让孩子感受到：“无论我是怎么样的，都有人无条件的爱着我、保护着我。只有这样，我才有力量长大，并学会承担责任。”

那么如何给予孩子安全感呢？一方面是生理方面的：保证孩子吃饱、穿暖、身体健康、人身安全不受侵害；另一方面更为重要的是心理方面的：保证孩子随时随刻都能感受到他人的爱、保证与孩子的积极交流、保证给孩子真实的鼓励、保证给孩子及时的保护，同时保证给孩子学会承担责任的机会，总之让孩子心理上觉得安全。只有当孩子觉得安全了，他才会肯定自己，才会放心去信任周围的人，才会放心去爱别人，才会放心去经受挫折与困境，才会放心去长大。

我们再看看小武，生理方面他得不到安全感，他不知道什么时候又会被打，甚至睡梦中都带着惊恐；而心理方面他得不到父亲的保护，更得不到周围环境的保护。他唯一能做的就是逃离，但是他身体虽然逃离了危险，他的心却一直被不安全、恐惧感包围。

他一直苦苦寻求的就是被保护，这也是他为什么可以为了“朋友”去犯罪。他一个人来到北京，认识了一群“朋友”。其实，他说不出他与这些“朋友”有多深厚的感情，甚至连一些“朋友”的名字他都不知道，他之所以愿意默默地跟着他们，就是需要被保护，似乎有人在身边，自己就不是一个人去面对危险了。所以当“朋友”说要去偷时，他虽然受到了自己良心的拷问“我知道这不好，去偷东西不好”，“但是他们干，我不干，我就没有他们了”。

对于孩子，你只有给予他无条件的爱；给予他充足的安全感；给予他一个安全的环境，他才会有力量长大，并去承担责任。（文/周婷）

No.16 心灵对话:被养父母“遗弃”的女孩

——爱会告诉孩子“你不是多余的”

[引言]

这名在京城打工的少女,为了友情,伸手“拿”走了单位的3000元钱……

心理专家告诉我们:她的“特殊”还在于她是被领养的。孩子的安全感是在婴幼儿期通过与监护人之间的互动而建立的。被抱养的婴幼儿,到了一个陌生的环境,要与陌生人一起生活,会产生不安全感。这样的孩子需要更多关爱来证明他(她)不是多余的。

非常故事

养父母溺爱中的童年生活

在法庭里见到小涵(化名)时,我眼前一亮,她是一个很漂亮的女孩子。虽然肤色有些黑,但五官轮廓清晰错落,眼睛很大。也许因为有太多人在场,她低垂着头,可这依旧掩饰不住她的美丽。

到底是什么原因,让这个漂亮的女孩子选择了“盗窃”呢?

小涵出生在福建的一个乡村。刚出生不久,小涵就被亲生父母送给了现在的养父母。虽然养父母已经有两个孩子了,但他们仍然非常喜欢小涵,对她甚至比对亲生子女还要好。养父母是做生意的，当时的经济状况很不错，可以给孩子们提供比较好的生活条件。小涵有着很快乐的童年，养父母的疼爱使她有着很美好的记忆。

"小时候，每次爸爸(养父)出门回来都会给我带好东西回来，有时候是衣服，有时候是吃的……"小涵在描述这些的时候，脸上洋溢着幸福。

小涵刚上小学时，成绩不错，加上她人长得漂亮，又非常懂事，养父就更加疼爱她了。虽然在小涵看来，养母不像养父对自己那么好，但并不排斥她，也会很细心地照顾她。

小涵并不是个"听话"的孩子，她的性格和她的长相有些相似——古灵精怪！所以，犯点小错误再所难免。"妈妈(养母)有时候会因为我犯错而说我，有时候甚至会打我。但是，我并不恨她，因为她也是为我好。"就这样，小涵像其他孩子一样在父母的关爱中成长。

可是，小涵的美好生活并没能持续下去。养父的生意越来越不好，家里的经济收入也是每况愈下，养父母每天忙于生计，对小涵的关心越来越少了。从"万般宠爱"到"被忽视"，这对一个小女孩来说，无疑是巨大的打击和伤害。

之后，小涵变成了养父母眼中"最不听话"的孩子。三年级时，她开始逃课、不写作业，成绩一落千丈。为此，她没少挨养母的打。可是，养母越是打她、训她，她越是犯错误。就这样，小学毕业后，她就没有再继续读书了。14 岁那年，她开始了打工生涯，福建、湖南、广州、深圳……小小年纪却已经漂泊了很多地方，最后一站，她到了北京。

小涵每到一个地方都拼命地打工赚钱，赚了钱却舍不得乱花，总是把钱攒起来寄给养父母。小涵说："我只要往家里寄钱，他们就会高兴。所以，我就拼命地打工赚钱，等过年的时候把钱带回去或者寄回家。"

我让小涵用一个动物代表自己，小涵选择了"马"。我的第一反应是：马可以行千里！但是，小涵给我的解释却让我有些意外："马善被人骑，因为我很善良，大家都觉得我好欺负，所以就……""那你对他们不会反抗或者离开他们吗？""不会，反正我能做的就做了,我也觉得无所谓。”

来到北京后,小涵换了几份工作。出事的时候,小涵在一家超市做收银员。为了借钱给朋友应急,她从收款箱里偷走了3000多元钱。案发后,小涵被公安机关带走了。

按照小涵身份证上的出生年月日,小涵在偷钱的时候,已满18周岁。小涵自己却说,养父母在给她报户口的时候多报了两岁。主审法官何琳说,如果小涵的养父母能出面证明,她身份证上的年纪确实比真实年纪大了两岁,再把小涵偷的钱还上,那对小涵来说,会受到相对轻的惩罚。

可是,法官试图联系小涵的养父母了解情况的时候,却得到了意外的答复:“她养父母拒绝帮她出证明和还钱。”养父母的“冷漠”让法官无法理解,更让小涵难以置信。她还一直让法官和她的养父母联系,希望养父母能来帮助她……

最终,为了确定小涵的年龄,法院为她安排了骨龄鉴定,鉴定结果是小涵的年龄在15~17周岁之间。小涵知道这个结果后并不高兴,因为养父母的对她的“置之不理”伤了她的心。

专家剖析

孩子“犯错”只为引起父母关注

听完法官对小涵的介绍,我的第一反应是“她需要的是看到自己的优势,让自己更有力量,然后才能够更好地面对生活”。可是,随着与小涵交谈的深入,我发现这些并不是重点,小涵最需要的是亲情,是养父母的关心和爱护。

心理学家阿德勒认为,大多数孩子的不良行为具有四个目标:寻求关注、权利、报复、假装无能。而这些行为主要是指向孩子生活中的重要他人(父母、教师、家庭中的其他成员)。寻求关注的孩子相信除非成为成人关注的中心,否则他就是没有意义的，不重要的。孩子可能会通过积极的行为（取得成功、施展魅力、长得好看）来达到目标。孩子也可能通过无用的、消极的行为（班级调皮鬼、炫耀卖弄、毁坏东西、吓人）来达到目标。孩子对自己在社会情境中的重要性越不确定，他就越想寻求关注，而且也会采取更多的行为来寻求关注。

小涵一系列“犯错”包括后来的盗窃行为的根源，就是为了得到父母的关注。虽然，小涵是养女，但她的童年得到了养父母无限的关爱。那时候，她甚至比养父母家的亲生子女还要受宠。这可能源于小涵的聪明伶俐、长相漂亮（这些即是孩子获得成人关注的积极的因素），这时候她可以通过这些积极的因素来获得养父母的关注。养父每次出差都给小涵带礼物，这就让小涵觉得养父不管在哪里都是在乎她的，她对养父来说是重要的人。养母给予小涵生活上的照顾，也会让孩子渴望被成人关注的心理得到满足，所以她会尽量地学着做一个“好孩子”，因为这样的孩子会得到父母的喜爱。

小涵读到小学三年级的时候成绩就不是很好了。孩子成绩的好坏在很大程度上决定父母对孩子的态度。既然成绩不好了，养父母对小涵的喜爱程度必然也就有了一定程度的下降。孩子是不会分析这些原因的，他们所感知到的只是父母对他们的关注少了，所以他们会想尽办法来再次赢得父母的关注。因此，小涵在后来也变得越来越调皮，偶尔也会逃课。在犯错误的时候，养母就会打她，还会将严重一些的错误告诉养父。这些“非常规的负面”行为，虽然会给小涵带来一定的惩罚，但是却能够达到最终的目的——得到养父母的关注！

当然，孩子所需要的关注并非一定是要正面的、积极的、鼓励的。在经常被忽视的情况下，即使是批评、否定、训斥这样负面的关注对于孩子来讲都是“正向”的。因为在孩子心里，忽视是最不可接受的，他们认为“即使成人打我骂我，这都证明我是被关注的，我是有能力的，我是被重视的”。

另外，对于小涵来说，她的“特殊”还在于她是被领养的。孩子的安全感是在婴幼儿期通过与监护人之间的互动而建立的。小涵在小的时候被亲生父母送到养父母家,虽然那个时候她还很小,但是对于婴幼儿来说,到了一个陌生的环境,要与陌生人一起生活,会产生极大的恐惧,于是会对于周围的环境和人就会产生不安全感。这种不安全感使得她需要更多成人的关注和爱护,这样才能证明她不是多余的,她是被养父母这个家庭所重视的。所以,当养父母对小涵的关爱减少的时候她就会通过各种方法来得到关注。可是,随着家庭经济状况的日渐衰落,以及小涵的表现越来越差,都让养父母对她的关注越来越少。

当小涵选择离开家出来打工的时候,她所希望的并不是独立,仍旧是重拾养父母对她的爱。所以,她吃尽各种苦,努力打工赚钱,为的就是在回家的时候能拿回去些钱,这样养父母就会高兴。而养父母的这种高兴,便是对小涵的认可,是小涵在他们面前价值的体现。这让小涵觉得,“我是有用的,他们是需要我的”。

而这次“犯错”,小涵一直希望家里人能帮她解决,她不相信养父母不管她了,她一直都想着让家里人来接她出去。这背后所体现出来的,正是小涵对家庭的渴望,对父母之爱的乞求。她以为这次可以像小时候一样,不管遇到什么问题,养父都会站出来帮她解决,并且不会有任何的责怪。但是,小涵错了,她可能再也无法得到这些了。

任何行为背后都是有意义的,我们不能只看到错误行为本身,而忽略了其中的意义。孩子通过犯错误是要向成年人表达一些他们的想法和期望,我们应该用心去聆听,并给予积极的关注。(文/周婷　李冬卉)

第四编

成长误区

每个年龄段的人，会领略不同的人生风景。

未成年人需在挫折中成长，却不能承载承认世界的重负。

No.17 心灵对话:“激情杀人”的少年

——“过度责任感”有多沉重

[引言]

父母殷切的期望让16岁的少年背负起沉重的责任,一句“你爸妈是怎么教育你的”的话令他怒火冲天,于是,他用电线狠狠勒住了女司机的脖子……

心理专家告诉我们:在家乡的同龄孩子中,他是上进而优秀的,他却做出了“激情杀人”的冲动而疯狂的事情,这跟他背负的责任感过于沉重有密切关系。

非常故事

在父母的期待中成长

“在他被关押期间,父母曾来过一次,很多父母见到孩子会号啕大哭。令人奇怪的是,他的母亲却没有什么情绪表露,也不怎么说话,我们问一句她答一句。”北京市第二中级人民法院的刘云法官这样描述着,“我很少见到这样的母亲,居然不哭也不说话;他爸爸见到儿子也很平静,只是说‘你好好在里面改造’。”

他叫张超(化名),小伙子看起来端正稳重,16岁的年龄,却比同龄的孩子老成许多。与他对视的一刹那,张超眼睛里毫无躲闪的神色,大方地抬起头来静静地凝视我们，那平静如水的神情，很难和因冲动而“故意杀人”的犯罪事实联系在一起。

谈到他的父母，张超略有所思，似乎在整理复杂的思绪，“爸妈其实很宠我，但我以前不懂事，很长一段时间都不知道他们是爱我的”。张超深情地回忆。父母身为农民，在城里打工很不容易，但在物质上从来不会亏待张超半分。张超七八岁时，为了让他受到好一点的教育，父母带着他投奔县城的爷爷家。

张超心存感激地回忆说：“爸妈有时候去我学校，看见县城的孩子穿名牌的运动鞋和时髦衣服，就问我想不想要，如果我想要，他们就马上给我买。所以，我在穿戴上，一点儿都看不出和县城的同学有什么差距，看不出我是山里农村来的。”此时，他的眼中满是愧疚。

“我父母特别希望我快快长大，能承担起这个家。他们挺惯着我的，尤其在物质方面。但是在情感方面很淡漠，他们很少和我说话。有一段时间，我内心很孤独，就像留守儿童那样。”父母迫于生计打工挣钱，老实朴素的性格不善于表达对儿子的感情，很少跟张超有心灵上的交流及对张超精神上的关怀。

“我的父母没什么文化，不如城里其他同学的家长懂得多，不能关心我内心在想什么，我心里有事也没法跟他们说，但他们能让我和城里孩子穿一样的球鞋，我也觉得他们为了我真的挺不容易的。也就是最近我才想明白了，他们是真的在乎我。我后来在北京实习，很少回家看他们，我一回家，他们就问我能不能多请两天假，不想让我那么快就走。有一次我没回家，我妈当时怀着我弟弟，就挺着大肚子在外面网吧找了我一夜，后来我们还为这事吵了一架。通过这件事，我知道他们真的很关心我。但我以前太不懂事了，一直没能体会到他们对我的感情。”张超后悔而自责地说。

张超在北京读中专，并交了一个比他大4岁的女朋友。女朋友很懂事，平时像母亲般关心他的生活，两个人很谈得来。2007年7月，张超和女朋友都毕业了，张超在北京一家公司实习，老板对张超为人处事的作风很欣赏，实习期间，张超就拿到每月1600元的工资。张超曾经为此很欣喜，终于能够每月给父母寄一些钱，帮助父母养育幼小的弟弟，替父母分担家庭的责任。但是，张超的女朋友的工作不是很理想，没多久她就辞职了。

2008年的元旦，女朋友因找不到工作而心情低落。张超说："我帮你出去找找工作，你放心在家待着吧！"当时，张超出门时心里特别迷茫，他只是觉得应该对自己女朋友的事情负责。

张超也知道，自己没那么大能耐。他无奈地说："其实现在想想，我怎么可能帮她找得着工作？有句话说得好，没那金刚钻，别揽瓷器活儿，我是自不量力。但我这人有一个特点，帮别人揽了活儿，就一定要做好，给人家一个交代，可是又确实做不来，压力挺大的。"

怀着忐忑不安的迷茫心情，张超准备去位于通州区的一个商业区碰碰运气。

张超打了一辆黑车，告诉女司机要去的地方。没想到，女司机不认路，到路口停下来说看看地图，张超为了女朋友找工作的事，心里挺急挺烦躁的，就说："司机怎么还不认路？"

原本找不到路也很烦的女司机瞪了张超一眼，说："哪那么多话，把你带到地方不就行了？"可是转了很久，司机还是没能把张超带到目的地，车停在一个特别偏僻、两人都不知是哪儿的地方。此时，同样烦躁的两个人开始口角。

女司机骂道："你这孩子，你爸妈是怎么教育你的？"张超回忆说，正是这句话激怒了他："我听了这话，一下就怒了，车也不想坐了，就说'给你钱，你滚'。"

原本上车前谈好的30元的车费，女司机嫌少了。张超更是上火，要去的地方没找到，自己还耽误了3个小时。他推搡了女司机一下，女司机就又骂又喊的。

张超说，自己当时脑子里一片空白，拿出包里为了换家里烧坏的接线板而买的电线，说着"我让你喊"，就用电线狠狠地勒住女司机的脖子……

专家剖析

不堪重负的责任感

在中国偏远的山村，很多父母对养育儿女的理解仅仅停留在吃穿用等物质的满足，张超的父母也一样。“据我了解，张超母亲的户口本上的原籍、年龄、民族等记录，没一项与她自己所说的情况相符的。她妈妈自称是贵州苗族人，我不知道她是怎么嫁到河北去的，不排除被卖的可能。”刘云法官这样叙述对张超母亲的疑惑。

在贫困的农村，只能从更偏远的外地讨老婆的男人，不仅经济上贫穷，在村民中的地位也是卑微的。所以，张超从出生起，就被父母期待着长大以后能够顶天立地，在一定程度上能弥补父母强烈的自卑感。

张超对父母的感情很矛盾，一方面觉得父母在物质生活上对自己百依百顺，另一方面他很少感受父母的精神支持和关爱。在整个成长过程中，他感受到的仅是父母的期待，期待自己快快长大，期待自己能够为父母“长脸”，也就是在村民面前能够挺起腰杆，满足自尊的需要。

“我父母从来不让我看起来比城里孩子差。他们希望我比那些堂兄弟强，绝不能让别人瞧不起！他们时常拿我跟那些亲戚的孩子比，而且还想让我考大学。初中毕业时，我妈又生了弟弟，我特喜欢我弟弟，我妈逗着我弟玩时说‘你哥马上就毕业了，回来让他给你买好多好东西’。”张超顿了顿，继续说：“我能感觉到他们希望我以后有出息，并且能替家里承担一份责任。我弟弟才两岁，我觉得父母不容易，我应该做的事情太多了。可惜，我现在做不到了，我对不起他们。”张超的眼神渐渐黯淡下来了。

在家乡的同龄孩子中，他是上进而优秀的，他却做出了“激情杀人”的冲动而疯狂的事情，这跟他背负的责任感过于沉重有密切关系。

“那个女司机,最激怒我的就是骂我之后很鄙视地说‘你爸妈是怎么教育你的?怎么把你管成这样’。我最烦这句话,以前也经常听见有人跟我说这样的话,我每次听见都跟人急。”这个平静的少年突然愤怒了,“凭什么我一怎么样,他们就拿我爸妈说事?我爸妈没把我教坏,我爸妈挺好的,他们狗屁都不懂!”

“你爸妈是怎么教育你的!”这句司空见惯的话语,我们很多人随口就说。看似简简单单的一句口头禅,对张超来说却别有意义。他不允许任何人侮辱他的父母,虽然他对自己的父母也不满意。多少年来,张超一直替父母承受着被歧视的凌辱,并被父母期待着,能够咸鱼翻身,受到别人的尊重。

女司机的一句话,拨开了张超长年来一直压抑的创伤。这种自卑而情感缺失的创伤情绪存在于他的内心深处,但却被强烈的道德感和自我认同感压抑着不能释放。张超为了维护内心平衡,很希望建立一个“我父母其实很好”的认知,看起来他是个孝顺的孩子,处处维护父母的尊严,其实他这么做也是在维护自己的心理平衡,他怕自己内心对父母出身的自卑和情感缺失的创伤情绪被赤裸裸地翻出来,所以对别人说这句话的反应异常激烈。

小时候,张超经常因为做错一些小事情而被邻居,甚至自己的爷爷责骂:“你爸妈是怎么教育你的!”有时甚至还会骂:“一看你爸妈也不是好东西!”父母本来对他报以厚望,希望他比别人强,好不容易来到城里希望他能光耀门庭,为家庭负责。在这样沉重的责任包袱的压抑下,他觉得因为他的错误而让父母蒙羞,让农户出身而且好面子的父母“被城里人看不起”是件非常自责而愤怒的事情。

为了给女朋友找工作,为了维护父母的尊严,16 岁的他,把自己武装成男子汉,稚嫩的心灵仍然没办法承担对家人太沉重的责任。

刘云法官曾经和张超的父母谈过对受害人的赔偿 40 万元,这样张超能被“从轻处罚”,张超父母愣是把自家房子卖了 3 万块钱做赔偿款,对于张超父母来说可以算得上是倾尽家财了。

张超自己却说,不想让父母拿这部分钱,家里还有一个两岁的弟弟需要抚养。

他说:“我对不起我爸妈,本来家里就不宽裕,我还欠下40万元的赔偿金。希望这些钱能由我自己出来以后还,我不想拖累爸妈,希望他们把弟弟养好,别像我这样。”在张超对亲人的忏悔感言中,依然隐藏着沉甸甸的责任感。

说到自己的女朋友,张超说自从出事还没见过面,也不想见到她。他说:“我对不起我女朋友,我很爱她,但我不应该认识她。交女朋友就要为她负责任,可是我现在才知道自己太小了,肩膀没那么宽,给不了她什么。我很想念她,但如果她来了我绝对不会见她的,因为我不想让她因为我太伤心。”

在候审的这几个月中,张超也在不断地反思自己,他说已经把自己看明白了,也知道自己应该有所为,有所不为。

他这样谈着自己,语气竟如一个饱经风霜的成熟男人。(文/杨素梅　张奕)

No.18 心灵对话:"太子堂"里的友情与罪恶

——告诉你五个"择友标准"

[引言]

7个或辍学、或上学的中学生,为了免受他人欺负而加入了一个组织——太子堂……

心理专家告诉我们:当面对成年人的交友"邀请"时,青少年要慎之又慎,因为成年人具有欺骗性,其本质与其表象有时存在很大的差异。

非常故事

一群孩子和一个堂主

7个或辍学、或上学的中学生,因涉嫌寻衅滋事罪站到了北京市海淀区人民法院少年法庭的被告席上,他们的犯罪事实、犯罪主观不能算恶劣、严重,但其犯罪原因和犯罪动机却发人深省。

这7个中学生都是所谓的兄弟,为了免受他人欺负而加入了一个组织——太子堂,而这个组织的老大却是一个从小身体羸弱、疾病不断的年轻人。他成立太子堂的目的,美其名曰要帮助这些孩子,让他们不像他过去一样被别人欺负……

这起案件听起来颇有些名堂：这是一个犯罪团伙，名叫“太子堂”，共有堂员 20 多人，下设战堂、司堂、刑堂、勇堂、斗堂 5 个分堂，总堂主是一个 20 多岁的小伙子，堂员多由中学生组成。他们纠集在一起，多次随意殴打他人，强拿硬要他人财物，给受害者的身心造成极大伤害。

见到这 7 个孩子之前，我把这个团伙想象成影视剧上那些规矩森严、组织严明、残忍施暴的涉黑集团，但当 7 个孩子依次单独受审、大约 3 个小时的提讯结束后，我脑子里留下的却是一群正常的、可爱的，又有些令人生气和遗憾的孩子们的形象。他们犯了错，而且是触犯了法律的错，但和一般人认为的那些沾染恶习、匪气十足的“小流氓”、“小混混”完全不是一码事。

问到他们为什么加入太子堂，他们的回答多是“一起吃吃喝喝、玩儿”、“加入了就不会被别人欺负”。而对于寻衅滋事的提问，他们的回答是“已经去了，不好意思走”、“都是朋友，互相之间应该帮忙”。

这 7 位堂员都见过总堂主，其中一个人还因为积极发展学生成员而成为“勇堂”的分堂主，但说到堂规以及作为堂员的权利和义务等，却只能用“稀里糊涂”来回答。“反正是人家叫加入就加入了，加入了就一起吃吃喝喝，吃吃喝喝过后就不好意思不帮人望风、打架，打架后就感觉这样也算是互相帮忙，以后自己被人欺负的时候也会有人撑腰”。他们没有想到，这样做的结果就是触犯法律，不但没有捞到好处，反而被抓进了公安局。

大约一个月后，我又在被告席上见到了太子堂的总堂主吴驹（化名）。因为他患有肺结核，所以庭审后与我对话，他始终戴着口罩。

从外表上来看，简直可以用“弱不禁风”来形容吴驹，身体瘦得像一根竹竿，脸色带着病态的苍白，这让我想起上海滩的流氓大亨杜月笙。但他说起话来，却是滔滔不绝、颇具气势，而且能够非常准确地捕捉到我话语背后的意思，并流畅地与我交流。我隐约明白了孩子们能“归顺于他”的原因，那正如他所说的：“我有思想，对他们好，我们在一起就像一个大家庭一样。”

吴驹把其麾下的孩子们称为“兄弟”而不是“朋友”,问及原因,他很诡秘地看着我说:“你把朋友的朋,两个‘月’字放在一起,怎么念?”我马上感到自己好像变成了弱智,找不出好的答案,于是只好老实回答说:“还是念朋啊。”他得意地说:“念‘用’,朋友是拿来用的,而兄弟才是相互忠诚、彼此相帮的。我小时候受过很多欺负,所以才想起成立这么个组织,其实就是想帮助这些孩子,大家在一起,不被别人欺负。”

可现实中的太子堂并不是吴驹说的那样,孩子们因为有吴驹这个老大,成了欺负别人的人;同时,这些被吴驹视为兄弟的孩子们,也成了他在显示自己势力强大时所利用的对象。

吴驹说:“我很欣赏一句广告词,‘少年强则国强,少年富则国富’,真的是这样。我自己就是由弱到强的。”为了这个“强”,他打着帮助孩子们的旗号,纠结了一个团伙。我想,真实的情况是:孩子们的存在,显现出了吴驹的强大——作为一个组织的头,他能够用暴力去获取自己的强大感——这是身体如此虚弱的他作为个体无法完成的任务。而追求强大感,是吴驹这样的人最根本的心理需求,为了实现这一心理需求,他会在不知不觉中自我暗示、自我欺骗,以强者的形象示人,并追求金钱、事业上的成功和风光,通过对他人的物质施与、精神抚慰等方式来进一步显示自己的强大,从而对还不能明辨成年人复杂而隐秘的内心世界的未成年人形成诱惑。

专家剖析

青少年交友须慎重

前面提到的那 7 个孩子要么是住在一个院里的邻居,要么是同学,总之是你认识我、我又认识他,其中有的孩子是偶然与吴驹相识,之后就相互介绍成了太子堂的成员。在加入这个组织时,他们怎么也没想到自己会因此而犯罪。在他们看来,只是结交了一些相互帮忙的哥们,同时还能免费跟着吃喝。吴驹也正是利用了孩子们这种“加入也没什么坏处,还能给自己撑腰”的心理,使他们轻易就踏入了危机暗藏之门。负责此案的王丽娟法官惋惜地说:“这些孩子,完全是因为交朋友不慎重才犯罪的,都不是坏孩子啊,可惜法律无情。”

我在咨询中曾无数次问过前来寻求帮助的初中生或高中生:“你交朋友的原则是什么呢?”有不少孩子回答说:“没什么原则啊,大家互相帮忙就是好朋友。”

“互相帮忙”,如果以此为交友的基本原则,就极有可能犯本案这些孩子所犯的错误。好事互相帮,坏事也互相帮,后者帮来帮去更糟糕。互相帮忙应该是成为朋友以后的一个结果,而不是交友时的原因。青少年很容易因为这个人对他好他就和这个人好,但随着年龄的增长,一个人会慢慢学会根据对方的品德、性格、谈吐等来决定是否与其成为朋友,不再会盲目地因为“人家给一颗糖”就跟着走了。

本案这7个孩子们在和我对话时,都承认是自己交了不该交的朋友才走上歧途的,但当我问:“有那么多同学,为什么人家就选中了你呢?”他们回答不出来。其实答案太简单不过:他们身上都有弱点——好吃贪玩,易受诱惑。俗话说,“物以类聚,人以群分”,一群人首先是因为有某些共同的特点才会成为朋友,但不可否认的是,“近朱者赤,近墨者黑”——假如由于交友不慎,交上了一个坏朋友,就会让一个人身上的坏的特质进一步恶化;反之,如果交上了一个好朋友,则可能会让一个人由坏变好。

一个人从幼年、童年步入青春期后,交友的愿望会更加强烈。伙伴是青少年在社会交往中重要的群体,当归属于某个同伴群体时,他们会产生认同感、安全感。因此,青少年喜欢结交朋友本是正常的现象,在青少年时结交的好朋友往往可以维持到成年,甚至到老年,这是一件好事,没有朋友的青少年常常会感到孤独和不自信,也会在成年后难以形成良好的人际关系。但是,有些青少年在交朋友问题上,往往缺乏认真的考虑和选择,因交友不慎而陷入泥潭的例子比比皆是。

当面对成年人的交友“邀请”时,青少年更要慎之又慎,因为成年人具有欺骗性,其本质与其表象有时存在很大的差异。本案的堂主吴驹就是一个颇具欺骗性的成年人,他看起来很有思想、很讲义气,甚至很有追求。在被批捕之前,他和别人合伙开了一家音乐酒吧,他还在酒吧中兼任DJ(变相地实现了小时候未能实现的学习音乐的梦想),手头有比较充足的钱来请孩子们吃喝玩乐。而且,从心理咨询师的角度来说,我必须承认他成立太子堂时想帮助受欺负的孩子们的初衷是真诚的,因为他自己确实是这么认为的,他并没有去分析(或者分析了也不会告诉我)他这些行为背后的心理成因——得到强大感和成就感。正是因为这种欺骗性,所有参与太子堂的成员(甚至包括吴驹本人)都真诚地认为彼此是好兄弟、好哥们,谁有困难都会得到其他成员的帮助,以致当需要施用暴力时,都“不好意思”不出手了。

吴驹说自己已进行了深刻的反省:“我肯定是错了,一是太冲动,那些情况都没有到必须动手的程度;二是完全可以用别的方式来解决。”但他绝不认为自己成立太子堂这件事本身有什么错:“我们就是兄弟,如果是因为我导致他们犯罪了,那是我的问题,但错了就改,没有必要就此灰心。我以后出去了,要办网络公司,做网上物流,还要开饭店……”我听着吴驹的宏图大略,心里却在暗暗担忧:这个野心勃勃的年轻人,在未来还会吸引多少青少年跟着他走呢?如果走上正途、坦途,那当然好;可如果又走上歧途、窄路呢?

如果你是像吴驹这样的年轻人,小时候因为这样那样的原因受过欺负,内心积压了很多的恨和痛苦,成年后特别希望获得成就感、得到别人的尊重甚至敬畏,那请你一定给自己留下一条底线:不能触犯法律,不能不择手段,要通过正当途径去赢得尊严,而且,也只有通过正当途径才能真正得到尊重。同时,请将你内心的不良情绪(抑郁、焦虑等)通过安全的方式(如心理咨询,与信得过的朋友深聊)释放出来,那样,你才有可能实现内心的平衡与平和。

如果你是一个未成年人,那请认真考虑一下交友的原则,以下5个择友标准是我给你的推荐:一择志同道合,携手并进者;二择身有所长,堪为师表者;三择作风正派,举止端庄者;四择患难与共,同舟共济者;五择光明磊落,肝胆相照者。以此为原则,加之互相的“心心相印”，所交到的就必会是益友。

当然，最重要的是，每个人要做好自己、要有坚定的做人做事的原则。做好自己，你就会成为别人的益友，也不会交上损友，即使不小心与损友为伍，你也能变损友为你的益友。（文/陈华）

No.19 心灵对话：一念之差的代价

——别让孩子经受“双重打击”

［引言］

他是亲人、老师、同学眼中的好孩子、好学生、好朋友，却在即将升入高中之际因一念之差，持械聚众斗殴，被捕在案。在对话过程中，他数次落泪，展示了一个少年所经历的隐秘而曲折的人生历程。

心理专家告诉我们：犯罪者未必都是严格意义上的“坏人”，也未必都有心理问题和行为问题，朱咏的情况就是如此。他一时冲动构成犯罪，但我们所关注的，也许不是对他的惩罚，而是如何帮助他走出这段歧路，回归到正常的人生道路上。

非常故事

真假哥们

这次对话的场景很是特殊：眼前的男孩眼眶红红的、眼睛里泪光闪闪，一个身材高瘦、面容憔悴的中年女人哭得稀里哗啦，旁边还站着一个拄着拐杖的男人，戴着厚厚的墨镜茫然地仰着头。女人看见我，哭得更大声了，一边哭一边说：“我们家的天都塌下来了！这孩子犯罪了，我们怎么办啊？还指着他养这个家呢。”她不断重复这样的话。

男孩名叫朱咏(化名),哭泣的女人是他的母亲。

为了控制场面,我只好请哭泣的母亲和茫然无措的父亲离开咨询现场。朱咏在父母离开后,止住了眼泪。他重复说的一句话是:“对不起妈妈,很后悔。”这让对话几乎难以进行下去。我丝毫不怀疑朱咏发自肺腑的后悔之情,但对话不能止于此。

朱咏性格开朗,好交友,校内校外都有他的哥们,他曾以此为骄傲,觉得自己是个出了事就有哥们拔刀相助的人。朱咏对朋友也是有求必应、能帮就帮。但是他没有想到,他的前途会毁在“朋友”手里。他不顾好友的劝阻,带着“朋友”们去解心头的怨气,结果,好友为保护他受伤,那些一涌而去的“朋友”们却瞬间逃去。

朱咏说了很多关于对朋友的看法和事情,当说到真假朋友时,他直了直腰身,告诉我说:“我现在知道什么是真正的朋友了,真正的朋友是劝你不做坏事、劝你不要冲动,但当你真的去做什么时,他会不顾一切地来帮你的人。”朱咏有这样的朋友,这个朋友为了帮他而被砍伤胳膊,在医院躺了很长的时间。

事情要从朱咏上初中二年级快结束的时候说起,他认识了一个比他高一年级的大哥刘力(化名),相识之后,两人就成了哥们。最初,朱咏觉得刘力讲义气、重感情,手下还有一帮小兄弟,在一起感觉挺威风的。但不久之后他就发现,刘力有很多坏毛病,“很像社会上那些小流氓”,而且刘力还多次向他要钱,“说是借,却从来没还过”。朱咏的家庭条件非常不好,他省吃俭用存下来的100元钱被刘力“借走”了。经过考虑,朱咏决定和刘力断交。一方面,朱咏是有好学生的“傲气”的,他喜欢交朋友,但不滥交,他不愿意和刘力这样的“混混”同流合污;另一方面,刘力一再地伸手要钱,他已经没钱给他了,对方对于他的拒绝很不高兴,认为他是故意不给的。两方面的原因加起来,让朱咏觉得,刘力这样的朋友不能交、不值得交。

当朱咏对刘力说今后两人不再交往时,刘力非常不爽,对朱咏恶狠狠地说了句:“你够狠,咱们走着瞧。”朱咏没有想到,这次断交却断了他的前途。不久之后,刘力毕业离校,朱咏升入初三,按照他的成绩,只要中考时发挥正常,应该能考上一所重点高中。但是,刘力从来没有停止过对朱咏的纠缠,最初朱咏一忍再忍。直到有一天,他们共同的一个朋友对朱咏说:“刘力又放狠话了,要和你一决高下”这个朋友已经无数次在他们中间传话。“他不断地煽风点火,还说其他人都看不下去了”,朋友的话让朱咏觉得:“我要再不应战,就太没面子了。”

约定了决战的时间和地点后,朱咏叫了大约20多个哥们,出门前还拿了一把刀。曾劝说朱咏不要斗气的陈元(化名)听说朱咏的举动后,忙不迭地跑来了,他担心朱咏会吃亏。见面后,双方一触即发,混战一片。朱咏带去的人只有陈元留下了,其他人都跑了。结果是,刘力、朱咏、陈元,还有刘力那边的另外两个人,都受了不同程度的伤。朱咏和刘力都被警方批捕。

朱咏的父母离开咨询现场后,我关切地问他:“你爸爸是盲人吗?”之后,朱咏打开了话闸。

朱咏的家庭构成,令我唏嘘:母亲是家庭妇女,父亲因公致盲,爷爷中风后瘫痪在床,姐姐刚上大学一年级。而这个家庭唯一的经济来源,是父亲和爷爷的退休金。可以想象,这个家庭的生活有多么的拮据和艰难。

朱咏告诉我,我见到的这个“爸爸”其实是他的继父,上大学的姐姐是继父的女儿。在他10岁时母亲把他从东北老家接到北京,进入这个家庭中。朱咏很明白自己在这个家庭中的位置,虽然继父是盲人,身体健全的母亲看起来是优势的一方,但自己和母亲吃的住的花的都是继父一家的,他必须小心懂事才行。“继父对我非常好。”朱咏这句话说得非常真诚。在强调完这个之后,我问他:“那你的生父呢?”朱咏的泪闸再次被打开。“我是被打大的。我爸爸是个酒鬼,喝了酒就打人,不但打我,也打我妈妈。最厉害的一次,我被爸爸抓起来扔到墙角,用皮带狠命地抽,我觉得我都要被打死了……”

命运对朱咏的折磨不仅于此。8岁时,父母离异,他被留下与父亲一起生活。没有了母亲的保护,朱咏的生活陷入更深的苦难之中。“我妈妈下岗了,没有办法养活我。”朱咏替母亲作了解释。但偶尔,朱咏还能回到姥姥家享受一下和母亲的天伦之乐。

然而，在朱咏9岁左右时，他母亲不辞而别了。年幼的他不知道母亲去了哪里，一年多的时间，母亲杳无音信。终于，母亲回老家来接他了。他这才知道，母亲一个人到北京打工，经人介绍认识了现在的继父，组成了新的家庭。

懂事的朱咏努力学习，母亲对他的要求极其严格，不让多花一分钱，每次考试都必须名列前茅。他也很争气，进入初中后一直担任班长，老师和同学都很喜欢他。继父是个善良的人，周末的时候会偷偷给他一点钱，在母亲不在家的时候让他出去玩一玩。出去玩的时候，是朱咏最幸福的时光，他和朋友们在一起，感受着友情的温暖和年轻人的快乐。

北京生活虽然极其困难，但对朱咏来说"比在老家的时候快乐太多了"。他能和妈妈朝夕相处，而且继父和姐姐都很疼他，还有不少好朋友，朱咏感到很幸福。朱咏说曾经的困难让他很容易满足。正因如此，他犯事后，深深地后悔给这个新家庭带来的耻辱，以及对母亲的歉疚。

"这次事情，对我不一定是坏事，让我看清了什么是真正的朋友。如果再遇到什么事情，我也不会再冲动了，事情完全可以用别的方式来解决。可是，今天见到妈妈哭得那么厉害、那么绝望，我就感觉失去希望了似的，我觉得自己这辈子完了。"

母亲的绝望情绪，传递给了朱咏。我决定和母亲谈一谈。"老师，孩子不知道。老家那个父亲，也是他的继父。他的生父在他不到1岁的时候就去世了……"母亲的眼泪像河流一样不断流淌。

专家剖析

在挫折中成长

朱咏的故事让我对他充满了惋惜，还有一丝尊敬。一个十几岁的孩子，经历了那么多家庭变故带给他的磨难，却没有怨、没有恨，有的只是宽容和感激。宽容母亲的无可奈何,感激继父给他的爱,甚至对那个打他的“生父”,也只是用冷漠来回应,并没有彻骨的恨。这样懂事的孩子,却因为一次偶然的较劲,成了法律惩戒的对象。

从心理学的角度来说,这个案件没有更多可以分析的地方。朱咏的天性温软而至善,这样的天性让他即使面对如此坎坷的人生历程也能积极生活。如果他知道打他的父亲是继父,也许反而能感到安慰,至少这样可以解释为什么那个父亲对他会那么狠。犯罪者未必都是严格意义上的“坏人”,也未必都有心理问题和行为问题,朱咏的情况就是如此。他一时冲动构成犯罪,但我们所关注的,也许不是对他的惩罚,而是如何帮助他走出这段歧路,回归到可以预见的明途之上。

假如事情发生时,朱咏能找到一个有经验的成年人帮他出出主意,也许他就不会做出冲动的事。但他不想给继父带去烦恼,也担心告诉妈妈后会挨骂,于是一个人扛着。

交朋友是朱咏的心理需求,长期缺失来自长辈的保护和关怀,让他发展出自己的一套自我保护规则。有朋友,就能让他有安全感,就能在自己需要帮助时找到能够帮他的人。这些朋友都是他的同龄人,同龄人之间更容易沟通和理解,但也留下了隐患,当纠纷产生时,大家都没有足够的力量用正确的方式去解决,加上年轻人冲动鲁莽的特性,稍不留意就可能做出错事。小错没关系,大错就要受到惩罚。

朱咏知道自己错了,家庭、学校、社会就应该给他一个改正错误的机会。主审法官韩晓飞正是本着这样的原则,找到我的。

对朱咏来说,母亲至关重要。母亲的反应,直接影响到他对自己和对未来的看法。

母亲也是有反省的。她说:“我可能对他要求太严格了,总觉得我们在这个家要做得更好才行。对他的关心不够,一味地要求他,却没有去照顾他。”这确实是朱咏犯罪的一个重要根源。朱咏是那么渴望母亲的爱和抚慰,他太需要这样的情感呵护了,可偏偏没有。

过去的已经过去,面对现实,朱咏的母亲痛哭流涕。

“你现在要做的，不是去指责，不是去懊悔，而是坚强。你首先要坚强，给孩子希望和支撑。你的情绪会影响到孩子，你是孩子心目中最重要的人。孩子已经觉得最对不起的人是你，你不能再给孩子更大的心理负担。”

母亲听着我说的话，还是止不住哭泣。她在哭自己的命运，也在哭孩子的命运。

希望这个案件能给那些自身遭受命运打击的家长一个启示：别让你们的孩子经历双重的打击，既承受命运传递的苦难，又不能得到来自父母温暖的爱！孩子的命运掌握在你们的手中，给他们爱、给他们关怀，让多舛的命运经过你们而在孩子身上得到改变。（文/陈华）

No.20 心灵对话：孤独少年的人生歧路
——孩子无法承受成人的生活重担

［引言］

他，初二辍学，没有工作，没有朋友，与贫困、寡言的父母以外来人的身份艰难地生活在偌大的京城。这个在网吧摆脱寂寞的男孩儿，在夜幕之下将手伸向他人的钱财。

心理专家告诉我们："孩子就是孩子，父母不能因为家庭的苦难就要求孩子也变成大人一样来承受这一切。"

非常故事

无言以对的父与子

在主审法官的安排下，我与赵成（化名）父子在特殊的情形下见面、交谈。

父亲那瘦弱而佝偻的身形、沟壑密布的面庞，伴随着凄苦、无望的神情进入我的眼帘，使我在瞬间便做出了"老年得子，因此过分溺爱孩子而导致孩子走上犯罪道路"的结论。为了求证，我不得不询问父亲的年龄。事实并非如此。我面前这个看起来有60多岁的老人，其实还不到50岁，正当壮年。可以想象，他过着怎样艰难的生活，承担着怎样沉重的负担。

赵成是他唯一的儿子，是这个家庭不断超生而得到的“独苗”，3 个女儿在老家的农村生活，他和妻子带着儿子在北京打工，靠低廉的收入维持着生计。在对话的过程中，父亲反复说的一句话是：“上网害人，自己要知道错误，别人的钱不能拿。”而儿子赵成从始至终没有对父亲说过一个字，甚至没有正眼看过一眼父亲。

赵成的犯罪原因和过程带有普遍性——因沉迷网络游戏，父母不给钱就去偷钱，最后东窗事发。至于因果，父亲认为是儿子先迷上游戏才导致辍学、辞工，儿子却说自己是先无事可做、无人可谈才靠游戏来打发时光。

事实上，赵成和父亲一样，不爱说话，很难准确地表达自己的想法，他们就像长期独居的、封闭的人，默默地生存在这个世界上。父亲不知辛劳地干活，儿子却无法承受艰苦的劳作，到网吧玩游戏是他唯一的乐趣。这样的乐趣是必须有金钱来支撑的，父亲坚决反对儿子上网，家里经济的极端拮据也在客观上无法为儿子这样的乐趣提供支持，于是，父子不仅没有交流，而且反目成仇。

据说，赵成已经很长时间不和父亲说话了，和母亲的话也很少。他在失去最后一份餐馆工作后，就养成了白天睡大觉、晚上去网吧的习惯，在网吧玩上几个小时后就在深夜的街头溜达。

一次偶然的机会，赵成路过一户平房人家，从窗户外看见桌上摆着手机，就顺手牵羊了。以后就如法炮制，溜进别人家中，偷手机、现钞，然后卖掉手机换钱，以此来支付上网的开销。因数额不大，赵成多次得手而未受到任何惩罚。

事发这次，是他偷完几个合租的女孩子的钱和手机后，被主人发现了，女孩子们从床上爬起来追上他，骂了他，而且双方动了手。赵成本来是可以逃脱的，但这个无聊、孤独的孩子，出于好玩甚至有些报复的心态，竟然用偷来的手机给手机上保存的通话对象打电话，以机主的名义约对方出来见面，当对方到达约定的地点后，他又打电话改时间、地点。机主得知这个消息后报了警，警察轻而易举就锁定了手机所在的位置，将他抓获。尽管他偷盗的金额不大，但因定性为入室抢劫，性质恶劣，等待赵成的肯定是一段时间的铁窗生涯。

赵成的情感和犯罪路线很简单:小学在老家度过,还算开心,成绩也还不错,那里有疼他的3个姐姐和玩得来的小伙伴;含辛茹苦的父母在洛阳的小生意失败后,到北京打工,把他接到了北京,他在北京上了一段时间的初中,跟同学们无法建立友谊,觉得孤独、寂寞,接触到游戏后发现其中乐趣无穷,干脆退学了;退学后开始打工,觉得太辛苦,换过几个工作,赋闲在家,就更滋长了懒惰的习气,上网玩游戏的时间越来越多、越来越长;父母认为游戏就是祸害,拒绝给他钱去上网,但也没办法用有效的方式来教育他、改变他,他就想方设法去搞钱;偶然的原因让他轻易得手钱财,于是反复为之,明知有风险而欲罢不能。

由于缺乏交流,父母对赵成的偷盗行为一无所知,直到他被抓捕,老实巴交的父母才知道自己的儿子原来干了违法的事情。这之中,有偶然,却是必然中的偶然。年轻的身体和灵魂需要东西去填补,要上学、要工作、要伙伴、要交流,这些都没有的赵成,就要用游戏去弥补,无法从正当渠道搞到钱,就必然要动歪脑筋,利用非法手段来得到钱财。

看着赵成的父亲,我能深深体会到父爱的无奈。他每天起早贪黑地忙碌,挣的钱却少得可怜,还落下了腰病,妻子因为长年的劳累而身患疾病,已经无法再干什么活了。在这样的情况下,原本就呐于言辞的父亲,哪里还有时间、精力和办法来与儿子好好地交流!就只是重复要求儿子不要上网,至于儿子每天到底都在想什么、做什么,父亲是无从知晓的。父亲也根本不明白网络是怎么回事、游戏是怎么回事,只知道网络和游戏是花钱的东西,只是从新闻中得知很多孩子都因为网络而犯罪,所以他就只坚定一个信念:要坚决阻止儿子玩游戏。但这是他无法完成的任务,赵成对父亲的话根本就听不进去,即使听进去了,他也照样无法让自己不去找点乐子。工作的时候,他还是有快乐的,这快乐来自"有同事可以说话",但年少的他又无法忍受工作的枯燥和辛苦。是啊,以他的年龄,是不应该小小年纪就去打工挣钱的。

问题的症结就在于:父亲以为将赵成接到自己的身边就是爱他,是担心孩子不在父母身边会犯错误、会走歪路,结果却事与愿违。我无法让为最基本的衣食住行而奔波的父亲了解赵成的需求和内心，也无法让还未成年的赵成理解父亲的艰难与慈爱，也许，随着时间的推移，这对父子会慢慢达成彼此的宽容与谅解。

专家剖析

孩子就是孩子

赵成还是个孩子，是孩子就有孩子的特性和需要，他们无法承受成年人的生活重担。父亲是爱赵成的，但他忽略了赵成还是个孩子的事实。

同样木讷的赵成在和我的对话之初显得心不在焉、无话可讲。直到问到他为什么不工作时，他突然眼圈红了起来，眼泪在眼眶里打转。

“我10岁的时候，帮妈妈卸煤，太苦了，我干不了。太苦了，生活太苦了。在餐馆打工，晚上很晚才下班，所以我就养成了晚上不睡觉的习惯。活着真的太苦了。”从这个孩子的嘴里，出现“生活太苦了”这样的话，着实让人心酸。我看着父亲，希望他能说点什么。父亲叹口气说：“我们家生活就是这样，就得吃苦。你吃不了苦，也不能去偷钱啊。反正，你犯罪了，等你出来的时候就是成年人了，就得自己对自己负责。我和你妈妈也不能管你一辈子。”父亲说的，全是实话，但对赵成来说，这些话真的很残酷。

生活的苦对赵成来说，还不是最致命的，真正的苦来自精神上极度的孤独。他到北京后，说话有口音，同学们嘲笑他，回家后跟父母又无法交流，原来在家乡的那些快乐都没有了。他成了一个孤独的孩子。这个孤独的孩子离开了学校，也有过打工的挣扎，但都失败了。父亲除了责备他，没有给过他任何的理解，也许父亲心里也是知道孩子的苦的，但没有表达过。赵成在自己孤独的世界里彷徨着，一步一步偏离了常轨。这是少年犯罪的两个极端：一端是和一堆朋友一起跟着犯罪，另一端是一个人胡乱冲撞。

孩子就是孩子,父母不能因为家庭的苦难就要求孩子也变成大人一样来承受这一切。赵成不能接受自己的生活现状,但他又无力改变现实。如果父亲能多给他一些理解和关怀,赵成也就不会发展到犯罪这一步。赵成说他以后不会再偷别人的钱了,因为"那会犯错误,看见别人的钱,心里肯定还是想拿,但我会告诉自己不能拿,拿了迟早要被抓到的"。从这样的表述中,可以发现赵成的心理还是一种自然、淳朴,甚至有些幼稚的状态,从他偷完手机后又打电话取乐这件事也可以发现这一点。尽管他犯罪了,但他依然还是个孩子,这个孩子觉得生活不容易,特别希望找到些快乐,只是他还没有找到好的、社会允许的方式来得到快乐。他也远没有达到网络成瘾的地步,玩游戏只是他找乐的一个方式。

教育的缺失和交流的缺失,是赵成犯罪的根源。

与其说赵成的案例说明了家庭对孩子心理健康的重要性,不如说我们必须去关注农民工子女的教育问题。农民进城务工,本来就在城市中处于一种劣势状态,他们对城市的一切是陌生的,靠汗水和劳作获得生存所必需的东西。他们自己可以忍受生活的艰辛,但他们的孩子还没有学会承受,孩子面对着城市的各种诱惑,不明白为什么自己的家庭会生活得这么清苦。赵成说他不赞成父母那么挣钱,认为有更轻松、更好的挣钱方式,可是到底该怎么做,他也不知道。

一方面,农民工孩子无法再接受父母那样的生活方式;另一方面,他们又不能发展出良好的技能来适应城市生活的需求。如果学校能为农民工子女提供适合的教育,如果社会能为农民工提供多一些的工作、生活和精神上的帮助,那么,像赵成这样的未成年犯罪人,就会减少很多。这已成为全社会必须关注并加以解决的问题。(文/陈华)

No.21 心灵对话：在迷失自我中成长

——莫让“父母期望”淹没“孩子理想”

[引言]

一个品学兼优的高二学生，卷入一起抢劫案。他画了一幅画：先画了一棵小草，又画了一个太阳，阳光照耀着小草。他说他就是那棵小草，太阳是他的父母。

心理专家告诉我们：这是一个“在成长路上迷失了自我的孩子”。他为了父母的期望而生活，他的未来，只是为了实现父母的梦想，他没有为自己的行为赋予意义——实现自己的理想。

非常故事

在父母的期待中成长

2009 年夏天的一个夜晚，北京西郊一处僻静的小树林里，三个少年正在对一个中年男子实施抢劫，其中年龄最小的少年拿出绳子准备捆绑中年男子的手脚，他丝毫没有恐惧感，甚至有一丝丝快感涌上心头。突然，他听到中年男子的哀求声。迟疑了一下，他扔下绳子和同伙扬长而去……

这个少年就是坐在我面前的孙东（化名），他就读于河北某县城高中二年级，是一名品学兼优的好学生。孙东的父母这样描述自己的儿子：听话、懂事、很上进、知道心疼父母。

这样一个优秀、阳光的少年,怎们会去抢劫呢?我百思不得其解,急于在他的成长经历里寻找答案。

在河北一个偏僻的小山村里,几十户人家世世代代生活在这里。他们面朝黄土背朝天,世代靠耕种农田为生。孙东的父母虽然也是地地道道的农民,但因为都是高中毕业生,村里人喊他们“秀才”。20 年前,因为家境困难,他们错失了上大学的机会,回到家乡务农了。

孙东的诞生,为这个家庭平添了许多的喜悦和希望。从孩子降生,父母就商量好了,不论再苦再累,也要把儿子培养成大学生,让他鲤鱼跳龙门。

孙父常年外出打工,孙母起早贪黑地劳作,时不时地叮咛孙东一定好好学习,将来考上大学,报答父母的养育之恩。孙东从小就懂事,理解父母生活的艰辛,他经常暗自下决心:一定好好学习,将来考上大学,让父母过上好日子。这是孙东学习的动力。孙东每次捧回三好学生的奖状和优异的成绩单,都能看到妈妈脸上灿烂的笑容,正是母亲满意的笑容让孙东觉得生活充满阳光,更平添了几分上进的动力。孙东叔叔家的儿子小力,一直以孙东为榜样,成绩同样也是名列前茅。看到小力崇拜自己的样子,孙东感到无比荣耀。

初中二年级时,孙东几次考试成绩都名列前茅。其间,他还担任学生会主席,组织大家帮助家庭困难的同学,老师和同学们一致认为他是一个十分热心的学生干部。在一次全校的家长会上,学校准备邀请孙东的父母介绍教育孩子的经验,孙父听到这个消息后,特意从外地赶回家。那是一个不眠之夜,他们兴奋得一夜没合眼……

此后,孙东以优异的成绩考上了县城的重点高中。拿到录取通知书的那一刻,全家人就像过年一样高兴。同时,父母也作了一个惊人的决定:为了孙东能够考上大学,全家搬到县城租房住,把家里的农田承包给别人,夫妻俩在城里做小生意维持生计。

自从上了高中,孙东深深地感到父母生活的艰辛,他常常自责:要不是自己,能给父母带来这么大的负担吗？能让父母这么费心吗？这种愧疚感伴随着孙东，转化为他上进的动力和勤奋学习的行动。别人用来打篮球的时间，他在背英语单词；别人用来聊天的时间，他在演算数学题；别人用来看电视的时间，他在翻看精品作文选。他夜以继日地刻苦学习……

孙东父母的生意经营得日益惨淡，辛苦的孙母总是抱怨还不如在农村种地。这样一来，孙东的成绩单就成了父母情绪的晴雨表。

高二下学期期末考试过后，老师和同学们都没有放暑假的轻松感，孙东也一样。烦躁的心情伴随燥热的天气，让孙东时刻觉得自己生活在蒸笼般的世界里，随时有窒息的危险。

考试结束后，孙母一见到孙东就用充满期待的口吻问："考试考得怎么样？成绩出来了吗？能不能考上北京的重点大学？"紧接着就是一长串的叮嘱，"虽然放假了，可不能有丝毫的懈怠呀"，"眼看要高考了，可不要功亏一篑呀"……

孙东早已习惯了这些话，起初还有一句没一句地哼着、啊着，后来就没了回应，只是默默地走开。沉默了几天后，孙东受不了了，他觉得母亲的这些问话把他的心逼近了死胡同，他甚至对未来、对生活完全失去了信心，丧失了前进的动力。

更让孙东找不到自信的是这次考试的成绩，可以说是一塌糊涂，他在班级的排名从前五名滑落到第十五名，而堂弟小力名列年级前五名。直到终于"躲"不过的那一天晚上，孙东才把成绩单拿给母亲。母亲看到成绩单时的愤怒早在孙东的意料之中，但他没有想到她会哭，而且哭得那么委屈。"这么多年来，我和你爸一直为了你能考上大学而四处奔波，如今临近高考了，你却考出这样的成绩！你怎么对得起我们？"母亲带有抱怨的话，重重地敲在孙东的心上。

孙东很想找人倾诉，更准确地说是发泄。就在此时，他接到了表哥的电话。"放假了吧？来北京玩吧。"受到表哥的邀请，起初孙东婉言拒绝了，因为第二天学校安排了补课。"吃住我全包了，你来吧！我还能帮你找一份工作，顺便挣点学费回去……你父母做生意多不容易呀，你也应该替她分担一些呀。"表哥后面的话，打动了孙东。他是一个很孝顺的孩子,每当看到母亲辛苦的背影,总是忍不住心酸。

“可我爸妈知道了,肯定不同意。”孙东还是很犹豫。“你就说自己上学去了,到北京再给他们发个短信,咱们来个先斩后奏。”表哥的主意让孙东下了决心。此时,孙东心中掠过一丝轻松和愉快。能够看看外面世界,是自己梦寐以求的事情。

到北京后,孙东给父亲发了一条短信:“学习压力太大了,我来北京散散心,顺便找份工作。”收到短信,孙东的父母很意外,他们没有想到听话的儿子会“出走”,但他们又坚信懂事的儿子不会做出格的事情,所以没有阻止孙东的北京之行。最初的几天,他们每天都能收到儿子报平安的短信,慢慢地周期长了,两天、三天、五天,直到他们接到警方的电话,才知道儿子出事了。

原来,到北京之后,孙东才明白像他这样一个高中都没毕业的学生,找工作比登天还难。他和表哥一起暂住在表哥的朋友家,三个没有工作的人整天游荡,很快就身无分文了。当表哥和他的朋友提出“出去找钱”时,聪明的孙东一下子就明白了他们的想法。原本他是不同意的,但在北京的这段时间,他的所有花销都是他们出的,他没有拒绝的勇气。

就这样,在一天晚饭后,孙东跟着他们出了家门,随后发生了文章开头的那一幕……

专家剖析

在成长的道路上丢失自我

在对孙东做心理辅导时,他的心情一直很不平静。他说他 18 岁的生日是在看守所度过的,这个代表他已经成人的生日让他终身难忘。

如果没有这次抢劫行为,此时的孙东不应该坐在我的面前,而是坐在教室里,准备高考前的冲刺。以他的学习成绩,今年 9 月,他一定能走进某所大学的大门。但是，抢劫已成现实，“如果”不会实现了。

作为一个青少年心理咨询工作者，我和孙东一起探究了他的成长心路。我请孙东画了一幅画：随意地画出自己的过去、现在和未来。孙东愧疚地说自己不会画画，画不好。在我的再三鼓励下，他先画了一棵小草，又画了一个太阳，阳光照耀着小草。他说他就是那棵小草，太阳是他的父母。他在父母的殷切期望中成长，父母的养育之恩是孙东成长的源泉和动力。

孙东的母亲告诉我，看着儿子渐渐长大，她感到很欣慰，而且发自内心地感到幸福。她总是对孙东说：“你长大了，考上北京的大学，也能带妈妈去享享清福！”孙东是一个极其懂事的孩子，他内心装着妈妈的希冀和梦想，为了妈妈这句话，为了妈妈的希望，他一直按照妈妈的要求努力学习，不断进取，成为品学兼优的好学生。

在孩子幼小的心灵里，父母是孩子的全部依托。取悦父母，是很多孩子行为的原始动机。但是，随着孩子慢慢地长大，特别是到了青春期，父母就要开始引导他们认识自我、寻找生活目标、树立生活理想、规划人生、体现生存价值了，否则孩子很容易丢失自我。

孙东，就是在成长的道路上丢失了自我，严格来讲，他是一个自我概念很淡漠的少年。在孙东的内心，他是为了父母而刻苦学习，为了父母而活着，完成父母的愿望就是他学习的动力。

高中阶段的中学生，最主要的心理任务就是完成自我意识的教育，帮助他们科学地认识自我、悦纳自我、激励自我、调适自我、管理自我。帮助中学生形成自尊、自信、自重、自爱、自强、自制的健康人格。孙东不仅不懂得悦纳自己，而且激励和调适自己的能力很差。在农村，和孙东一样背负着父母希望的孩子很多，尤其想通过考大学改变命运的莘莘学子们，他们承受的学习压力可想而知。

我让孙东画画自己的自画像。他很为难地搪塞着说：“我可以写出来，用语言写出来。”他这样写道：早上5点起床上早自习，中午半小时吃饭，下晚自习后11点睡觉；一天13节课，5、6门作业，课余时间收作业；另外，还有老师、父母对自己的期望，同学们之间成绩的对比和竞争……

高中生活乏味、忙碌……

这是一种没有色彩的生活,孙东的很多同学也经受着单调的生活磨炼。如果没有实现自我的信念作为支撑,很难想象能走多远。有的同学还在坚持,为了自己的理想,哪怕是为了改变现实的生活,也给自己找到一个充分的理由,坚持就是胜利,等到高考的那一天。

孙东为了父母的期望而生活,他的未来,只是为了实现父母的梦想,他没有为自己的行为赋予意义——实现自己的理想。谈到孙东的未来,他没有画出来,依然用语言写道:用自己的实际行动去报答父母,不再让父母费心,自己已经不是过去那个不懂事的、万事靠父母的孩子了。一定回报父母,回报社会!

我相信这是孙东的真心话,但不是他全部的真实感受。孙东渐渐长大了,他需要有自己的生活,有自己的追求,有自己的人生目标。这样,在压力和挫折面前,他自我调适的潜力会更强,心理空间会更大,心理承受能力更有弹性。

父母们要想帮助孩子积极乐观地面对生活,自己首先要树立良好的榜样。孙东面对学习带来的压力,受父母负面情绪的影响,选择了逃避。在此,我希望父母们多给自己的孩子一点空间,一个思考他们自己未来的空间;多给自己的孩子一点时间,一段可以敞开心扉沟通的时间;多关注孩子的内心感受,帮助孩子寻找到一个真实的自我。

德国教育家博尔诺夫说,青少年在他们的发展过程中常会遭遇到一些事件和事物,遭遇是必然的。学校教育者和父母应当正视它,引导青少年在遭遇中做出正确的选择。教育不仅仅应当注重知识的传递,更要重视促进学生个性和谐发展,培养他们良好的心理素质。这就是我们在青少年成长中,应该担负的责任。(文/杨素梅)

No.22 心灵对话：一名匪夷所思的打劫者

——成瘾的东西和犯罪有千丝万缕的联系

[引言]

青春期的男孩子，其攻击性正处于活跃阶段，如果加以适当的催化和一定的诱因，暴力倾向就会在瞬间转化成暴力行为。张大志，就是一位因饮酒而导致行为失控的少年。

心理专家告诉我们："好学校"和"差学校"的一个重要区别是，前者有问题的学生主要由于学习压力、情感问题、家庭不和带来心理问题，后者有问题的学生则主要是由于家庭缺陷、交友不慎、教育缺失带来的犯罪问题。

非常故事

打人·抢劫

精神分析的鼻祖、奥地利精神病医生及精神分析学家弗洛伊德认为，性和攻击性是人类的两大本能，每个人的一生都在和这两大本能进行抗争，或压抑、或放纵，过分压抑或过分放纵都可能造成心理障碍或反社会行为。

青春期的男孩子，其攻击性正处于活跃阶段，如果加以适当的催化和一定的诱因，暴力倾向就会在瞬间转化成暴力行为。

我在北京市石景山区人民法院见到的张大志(化名),就是一位因饮酒而导致行为失控的少年。

张大志是北京某职业学院的一名学生。2008年初中毕业后,他没有升入普通高中,而是进入了能够学习一门技能、将来拥有谋生之计的职业学院。如果一切顺利,经过6年的学习之后,他将获得大专文凭,且以他强壮的体格和不错的学业,找份工作开始职业生涯应是意料之中的事。

然而,他的人生之路却因连续两次暴力犯罪而转折了。这样的转折,带给他的将是几年封闭的改造生涯和不再清晰的未来,带给他父母的则是沉重的打击和绵长的痛苦。

五一小长假结束后,准备回校的张大志约几个比自己小的朋友一起到餐馆吃晚饭。饭后,他们等候在某黑暗之处寻找"猎物"。当看到两个比较矮小的男孩子经过时,他们跳出来拦住了去路。听两个男孩说身上没带钱,他们一拥而上、拳打脚踢。突然,一个钱包从一个男孩的口袋里滑落。打红了眼的张大志大吼:"你们敢欺骗我,明明有钱还不拿出来!"可能是过于气愤,丧失理智的他像疯了一般拿出小刀,对着两个男孩的背部一阵猛刺,其中一人的胸壁背部被刺穿导致右侧液气胸,另一人背部皮肤被刺裂伤。随后,他们抢走了钱包里的1000多元钱后扬长而去。他们并不知道,其实被扎的两个男孩已经成年,比他们的年龄都要大。

一个星期后,张大志和那几个朋友故技重施,在酒足饭饱之后,再次玩起寻找"猎物"的游戏,他们将一对年轻夫妇随身携带的几十元现金和一部手机抢走。这次,张大志照例拿出了小刀,但只是威胁而已,没有扎伤人。用他的话解释是"上次打大了,心里挺虚的,不敢太过分了"。

当警察来到张家并用手铐将他拷上时,张大志心里还想:"不至于吧,难道这事有这么严重吗?"直到被拘押、被审讯,并和法官、陪审员谈过之后,他才知道自己犯的事不轻、性质非常严重——不但抢劫,而且是使用危险工具以暴力威胁、殴打,并且给受害者的身心造成了严重伤害。在我与他谈话时问:"你不是说你平时没有打人的恶习吗？怎么就犯了点儿事呢?”他竟然马上反驳说:“不是一点儿事,是大事!”可见,他终于知道自己犯了大事,而且肯定会受到法律的惩罚。

而事实上,在一年多以前,上初三的张大志就曾因为聚众斗殴而被判行政拘留12天(因未成年而并未执行)。那一次,他是因为气不过别人说要收拾他。至于要收拾他的原因,是他和那个人的女朋友经常在一起说说笑笑。他觉得那人太不讲理,也担心“后下手遭殃”,一气之下就找了一帮哥们跟对方来了个一比高低。当我用“哥们”这个词时,他纠正我说:“不是哥们,是朋友。我们不是混混。”但在之后的对话过程中,他又说:“我交的那帮朋友,在一般人眼里就是地痞、流氓。”

在和张大志谈话之后,我捕捉住一些信息。第一,他是外来务工人员的孩子,他的父母在北京某寺庙里做杂工。第二,和他一起吃饭、玩耍、抢劫的都是他初中时期结交的朋友,而且都是些地痞、流氓,犯事的地点离他家很近。第三,他很容易冲动,一冲动就可能暴力相向。在平时,他是个好学生、好儿子。第四,也是最重要的一个信息——喝酒。在他和我对话时,多次强调自己“喝晕了,头脑发热,控制不住自己”。一个还不满18岁的少年,竟然会经常性地饮酒,这不能不让人吃惊。对此,他的解释是:“吃饭聚会就肯定要喝酒啊,不喝酒还怎么吃饭！在我们家里聚会时,和朋友聚会时,我们都喝酒的。”如此的理所当然!

其实,在抢劫那两个男孩时,张大志打红了眼是有原因的。据称,张大志在打两个男孩时问:“你们是北京人吗?”对方答:“是的。”于是他边打边恶狠狠地说:“打的就是你们北京人!”这也正是我要为张大志做心理咨询的原因,因为张大志是外来务工人员的孩子,并且受到了一些“不公正的”待遇,他的内心对北京人充满了仇恨。而最近,关于外来务工人员及其子女的犯罪问题正受到媒体和社会的广泛关注。

专家剖析

挫折·损友·酒精

张大志是我为未成年犯罪人做心理咨询以来,遇到的唯一的一个犯罪原因中家庭因素不是主要原因的个案。张大志的父母和他生活在一起,父母之间关系融洽,也很爱他,虽然家里经济不够宽裕,但都尽可能满足他的要求。他9岁时随父母来到北京,以借读生的身份在北京读完小学并顺利升入初中。

通过仔细分析,我发现张大志的人生轨迹确实因为父母的身份而遭遇挫折:

首先,他因此失去了一个宝贵的机会。在初中二年级时,一直练习短跑并成绩优异的他被告知,北京市出台了一个政策,非北京户口的学生不能参加国家级运动员的评定。他原本练得很刻苦,就是希望能评上国家二级运动员,然后以特长生的身份进入离家很近的一所比较好的高中,将来上大学,而且以他的训练成绩和学习成绩是完全有希望实现这个愿望的。然而,一纸规定让他的希望破灭了,他为此消沉了很长一段时间,也因此被迫选择了职业学院作为升学目标。

不过,他将这种内心的不平衡和失望感隐藏了起来。在和我对话时,他拒绝承认对北京人存在仇恨:“不,我没觉得不公平。我也不恨北京人。如果他们说他们是河南人,我也会说打的就是河南人。不管他们说是哪里的,我都会打。就是找个茬儿而已。”我不能强加“仇恨”二字在这个孩子的身上,但不管怎么说,如果不是因为外来人员的身份,张大志在初中毕业时肯定会走上另外一条道路。那样的话,身强力壮的他也许只会把多余的能量放到训练和学习上,而不是寻衅滋事。

其次,他因此而结交了一帮损友。作为借读生,他所就读的初中生源复杂,周围充满了各色各样的孩子。按照他的话来说,就是“我的朋友中,要不就是来自单亲家庭的,要不就是家里靠要账生活的黑社会,总之都不正常”。他当然也有机会接触到他所说的类似“宅男”的好孩子，但爱动爱玩的他没办法和这些好孩子在一起，玩游戏、打台球，愿意和他一起从事这些活动的，都是那帮他明知不好的朋友。

他说他以为自己能控制自己，不会跟他们一样去打、去犯罪，但事实证明他太自信了。未成年人的自控能力毕竟有限，张大志无法做到“出淤泥而不染”，长期耳濡目染打打杀杀，自然也就学会了那样的行为方式和处事方式。

以心理咨询师的角度来说，我看到的“好”学校和“差”学校的一个重要区别就是：前者有问题的学生主要是由于学习压力、情感问题、家庭不和带来的心理问题，后者有问题的学生则主要是由于家庭缺陷、交友不慎、教育缺失带来的犯罪问题。

社会阶层的不同，往往天然地将孩子们划分为不同的群体，由此而滋生出性质不同的问题。张大志和很多犯罪的孩子一样，有一帮讲义气、吃吃喝喝的狐朋狗友，他们在一起，互相一吹嘘、一激将，就可能冒出一些极端的念头，做出一些极端的事情。青少年的交友，一方面是“物以类聚，人以群分”，另一方面就是“近朱者赤，近墨者黑”。父母和老师必须严肃对待孩子的交友，青少年自己也必须清醒地认识到交到损友会给自己带来的各种危害，万不可抱着侥幸心理，认为自己足够独立、足够自控，不会受“坏”朋友的影响。

然而，尽管有以上问题的存在，假如没有酒精的作用，张大志也不可能做出丧失理智的事情来。他说自己很小很小就开始喝酒，原因是他的姥爷很喜欢喝酒，在他还是个婴儿的时候，他姥爷就一边喝酒一边用筷子蘸酒给他喝，因此在他看来，吃饭时喝酒是天经地义的事，他的父母也不认为孩子喝点酒有什么大的问题。

未成年人的神经系统还处于不成熟状态，酒精的刺激几乎必然会让其原本就不稳定的情绪一点就着。别说未成年人，即使成年人，在喝醉酒的情况下也会做出平时完全无法想象的事情来，否则也就不会发生那么多因饮酒而造成的严重事件。

在两次犯罪之前，张大志都饮下了远远超过其年龄能够承受的酒精，乃至打完之后他无法记清自己到底当时打人到何种程度。内心的一些压抑，哥们的怂恿和激将，身体内积聚的大量能量，让他无法冷静、无法思考。酒精点燃了张大志的冲动行为，点燃了他压抑的攻击潜能,悲剧也因此而酿成。他明确地说自己犯罪的主要原因不是为了抢钱,主要是为了寻找刺激、发泄情绪。

他自己在分析犯罪原因时说:“喝酒让我无法冷静,太冲动了。还有就是不该和那些朋友们在一起。以后我出去后,不会再跟他们玩儿了。”但关于饮酒,他却说:“我以后喝酒的话,要冷静,喝完酒后要提醒自己冷静。”也就是说,他依然还要喝酒,我提醒他说:“喝了酒就做不到冷静了。”他还是不改初衷:“不会的。我接受教训,不会因为喝酒而不冷静了。”对于酒精的危害,张大志依然没有正确的认识。所以当主审法官李婧问我:“这个孩子将来出去后还会再出事吗?”我回答说:“假如他还继续喝酒的话,难说。”

酒精、毒品、色情,这些容易导致成瘾的东西,和犯罪有着千丝万缕的联系,它们让人迷失、让人失控。希望看到这个故事的青少年朋友们能远离它们,让自己的神经处于清醒状态,过健康而有节制的生活。远离它们,就远离了冲动,远离了犯罪!(文/陈华)

第五编

家庭问题

教育孩子是父母最重要的一项事业。

孩子身上所有的问题，都能从父母或家庭中找到根源。

No.23 心灵对话:一部手机引发的刑事案件
——解析“不良家庭模式”

[引言]

为了一部被损坏的手机,他失去的不仅是一段友情,还有多姿多彩的生活。其实,在愤怒与攻击之间,原本有通过沟通化解矛盾这条路可走。

心理专家告诉我们:不良的家庭模式包括“纠缠型”、“疏离型”、“冲突型”等。在“纠缠型”家庭中,每个家庭成员都过分干预其他家庭成员的生活,可能阻碍个体自主性的发展;“疏离型”则是缺乏互相依赖以及情绪的相互支持;“冲突型”是以不断出现的冲突和敌意为标志。在初晓的家中,疏离和冲突同时出现。

非常故事

一部手机,一段友情

初晓(化名),17岁,一个大男孩,在和我说话的时候还略带腼腆和孩子气。初晓在一所外国语学校上的初中,对学习没兴趣的他初中毕业后选择了一所技校,没等技校毕业就辍学做起了小生意。从首饰店到话吧,当了小老板的初晓自我感觉良好。但他怎么也没想到,多姿多彩的小老板生活被一个叫李彦(化名)的朋友打乱了。

初晓是通过一个关系非常好的姐们认识李彦的。初晓好交友,经常和朋友们出去唱歌或者滑旱冰,朋友们也常在他开的话吧聚会。虽然李彦也是初晓圈子中的一员,而且经常到话吧来找初晓,但初晓并不是很喜欢他:“李彦是个特别能说的人,我总觉得李彦挺能‘装’,求他办事相当难,我也很少找他有什么事。”初晓说,他也是看在那个姐们的面子上把李彦当朋友的。

初晓一直与李彦不远不近地相处着,直到有一天,李彦弄坏了他新买的手机。

这天,李彦用初晓新买的手机玩游戏时不小心把手机掉在地上摔坏了。起初初晓并没当回事,但李彦主动说要拿去修。谁知这一下修就一个月没了消息,李彦一直没有把手机拿回来。初晓便问李彦:“我的手机你拿去修怎么还没修好?”李彦支支吾吾地说:“还在修呢!”后来初晓再追问时,李彦又改口说:“手机丢了。”他的话让初晓他们起了疑心,为了探个究竟,与初晓关系较好的一位哥们以找挖耳勺为借口,翻开了李彦的书包,果然发现了初晓的手机。原来李彦根本就没有去修手机。这可把初晓气坏了,朋友也为他打抱不平,他继续质问李彦:“我的手机怎么还在你书包里?”谁知李彦又改口说:“还没来得及拿去修。”一而再地欺骗把初晓惹急了,他对李彦动了手,拿烟头烫了李彦的脑袋,还让李彦蹲下,用膝盖把李彦的鼻子顶出了血。

在朋友们的劝说下,初晓还是陪着李彦去了医院,医生检查后说没有太大的问题。但事后,李彦说他的鼻子被打歪了,初晓以为李彦又在说谎。

毕竟曾经是朋友,初晓和李彦决定私下商量相互赔偿的方法。最终两人商定将李彦的手机卖了,卖来的钱除去治疗李彦鼻子的费用,剩下的钱给初晓。谁知道,李彦的手机才卖了50元钱,他自己没有留,全都给了初晓。

初晓以为事情至此就结束了。大约在春节前,他突然接到了一个声称是李彦父亲的人打来的电话,要求初晓对李彦进行赔偿,否则要找他父母理论。初晓不以为然地说:“你愿意找就找呗!”并把父亲的手机号告诉了对方。其实,给初晓打电话的人并不是李彦的父亲,而是李彦的舅舅。初晓以为事情经过双方长辈的交涉可以得到圆满的解决,他怎么也没想到,李彦的家长并没有联系自己的父亲,而是直接报了案。报案后经法医鉴定李彦为鼻骨骨折,属于轻伤,初晓以涉嫌犯故意伤害罪被刑事拘留。

专家剖析

沟通障碍导致行为问题

我见到初晓的时候,能感受到他的困惑,因为事情到现在也没有被合理解决。初晓认为是李彦有错在先,自己却被拘留、接受审判和民事赔偿,他感到很气愤。

我作为法庭之外的人,希望和初晓好好探讨事情解决的方式,并且试图站在他的角度上看问题,理解他。初晓的情绪渐渐平缓,开始理性地看待这件事。他后悔当初没有让父亲主动给李彦的家长打电话,以至于现在如此被动。

“为什么没有告诉爸爸?是怕爸爸责怪你吗?”对于我的提问,初晓停顿了一下,才说自己与父亲的交流不多,父子关系也不是很好。初晓说父亲对自己管教很严,小时候他根本就没有下楼和小朋友玩儿过,甚至连电视都没看过。每天妈妈把他从学校接回家就写作业、学习。初晓对童年的这段痛苦回忆在之后我与初晓父亲的交谈中也得到了证实,他们不让初晓看电视,也不让初晓出门。

在初晓的记忆中,他与父母,甚至父母之间都没有太多的话,更没有什么关于童年的快乐回忆。到了青春期,他开始和父母对抗,有过激烈地冲突,甚至动过手,从那时起,他学会在激烈地冲突之后离家出走,到同学家里住。后来,父母就不管初晓了。初晓考上技校后,就更少回家了,他和一位父母离异独自生活的同学住在一起,两个人困难的时候,连饭都吃不上,但他觉得挺快乐,“我宁可饿肚子,也不愿意回家面对父母”。

初晓认为父母对自己的评价也不会很好,并且自我评价是个不听话的孩子。初晓觉得父母不理解自己,但是在当谈到父母给了他几千块钱本钱支持他做生意的事情时,初晓的话语中还是充满了感激,他知道父母是爱他的,是相信他的,也正是因为不想辜负这份信任,初晓干得很努力,起早进货,布置店面,晚上盘点,打扫店铺，干得很辛苦，也赚了些钱，小小年纪，经济上就已经独立了。随着年龄增长，与父母的关系也渐渐缓和，但这次事件的发生又让初晓觉得给家里添了很多麻烦，他很内疚。

初晓虽然是因为涉嫌犯故意伤害罪被拘留，但通过了解，我认为他不属于有攻击性行为问题的青少年，在过去一年中他并没有胁迫他人、挑起斗殴、使用武器等行为，但他离家不归、拒绝上学、对抗权威的表现，也表明了他心理功能的损害，导致这样结果的原因很多，但就这个案例，我想谈谈家庭中的沟通问题。

家庭模式是导致功能损害的重要原因，这些不良的家庭模式有"纠缠型"、"疏离型"、"冲突型"等。在"纠缠型"家庭中，家庭成员彼此的人际距离缩短、界限模糊，有较多的沟通和关怀，每个家庭成员都过分干预其他家庭成员的生活，可能阻碍个体自主性的发展；"疏离型"则是家庭界限过于僵化，彼此沟通困难，缺乏互相依赖以及情绪的相互支持；"冲突型"是以不断出现的冲突和敌意为标志。

在初晓的家中，疏离和冲突同时出现，在"疏离型"家庭中，家庭成员只有在希望从家人那里得到某些东西或十分必要的情况下才会相互交往。比如初晓会对在做生意时向父母要钱印象深刻，因为那是他们之间为数不多的沟通交流，又比如这次初晓被拘留，他才与父母有联络，说明原委，之前他们很久都没有见面了。即便是与我的这次会面，父子都没有交流，我与初晓聊过之后，他的爸爸才被请进来，初晓离开时，我告诉他我和他爸爸的谈话时间不会很长，但他还是不愿意等待，一个人先走了。初晓从小很少有与父母亲密的沟通，在与初晓和他父亲的谈话中，可以看到父子之间的有效沟通是很少的，这造成了他们情感的疏离，也使得初晓以同龄人为中心，并把他的伙伴视为他家人的替身。

"疏离型"家庭中的沟通问题可以表现为多种形式，比如观点的不一致，就是所谓的"公说公有理，婆说婆有理"，还有言行变化无常，通过第三方进行沟通，等等。初晓的家庭主要表现为沟通的被动和指责的语言，这种家庭沟通模式成为初晓与别人的共同模式。在这次事件中，我看到初晓沟通的被动性，在发现李彦骗自己的时候、在一时冲动打人之后、在李彦舅舅打来电话的时候，而结果是他到现在也不与李彦做正面的沟通。到目前为止，初晓的父亲与对方家长及法院的沟通也很不通畅，使得通过赔偿就可以解决的事情一直无法解决。他对法官说："我也不是不赔，每个月有一分我赔一分，有一块我赔一块。"实际上他们确实有经济上的困难，但这样的表达方式使得协调工作进展缓慢。当然，他心理的确不平衡，他认为"这么点儿事"，儿子却成了触犯刑法接受审判的未成年被告人，对方很过分，我问他有没有和李彦父母好好谈谈，就赔偿的金额再商量一下，他又开始指责对方，表示没什么好谈的。

较差的沟通模式会使解决问题的策略受到破坏，甚至实施错误的解决方案——初晓用指责和攻击来处理他与李彦之间的冲突；初晓的父亲用抱怨和对抗面对李彦的家长。这使得冲突不断升级，最终给孩子和家庭带来更大的伤害。（文/沈迪侪）

本案主审法官手记

初晓因不能正确处理与他人发生的矛盾，以故意伤害罪被判处有期徒刑六个月缓刑一年。像类似未成年人因为一点小事不能理智处理，头脑一热进而大打出手，导致犯罪的情况并不少见。

通过审理此类案件，我们越发觉得对青少年进行挫折教育的重要性。现在的孩子大多是独生子女，家长几乎事事都顺着孩子，尽可能地满足孩子各方面的要求，因此这样的孩子如果遇到一点小挫折，稍有不如意便不能承受，无法正确看待与他人的矛盾，再加上青少年血气方刚，容易头脑一热采取暴力的方式解决问题，最终导致犯罪。

本案中初晓是属于比较叛逆的孩子，与家长缺乏沟通，不听家长的劝阻，退学与他人合伙做小生意。对于将李彦打伤这件事情，初晓认为是李彦有错在先，对即将面临的审判心里很不服气。经过与心理专家的沟通、矫正及法官的教育、感化，初晓认识到因为自己的错误行为给被害人造成的伤害，在庭审过程中，真诚地向出庭的被害人家长鞠躬道歉，请求被害人的谅解，并表示一定吸取此次教训，今后遇事三思而行，理智地处理与他人的矛盾。

No.24 心灵对话:跟随父亲做骗子

——“说谎”的后果很严重

[引言]

这是一个令人痛心的故事,因为它与传统观念上的“可怜天下父母心”相悖——父亲带着儿子一起实施诈骗,事后分赃,各行其乐。

心理专家告诉我们:撒谎对青少年来说,是极其危险的品质。心智还没有成熟的青少年一旦开始撒谎,就很难停下来,谎会越撒越大,直至“睁着眼睛说瞎话”,发展到最后,他会分不清自己的话哪些是真的、哪些是假的。

非常故事

拿人钱财却不替人消灾的父子

2007年4月的一天,钟晓(化名)从河北的姥姥家回京,在长途汽车上接到一个电话。电话是昔日同学夏宏(化名)的母亲打来的,她焦急地告诉钟晓:“夏宏因为打人被抓了,你有办法把他捞出来吗?”钟晓满口应承了下来,他没有想到,这个“应诺”最终把他送进了监狱。

钟晓回到家后,把夏宏的事情告诉了父亲,老钟听后拍着胸脯表示能帮忙。之后,在老钟的指使下,钟晓从夏宏的父母家拿来了“捞人”的1万多元钱。几天后,夏宏果然“顺利”地回家了。

相信了老钟的办事能力，夏宏的父母再次通过钟晓给老钟送了2万元的“活动费”，希望能让儿子去当兵。就在夏宏的父母满心期待辍学的儿子能去当兵时，他们突然发现夏宏上次打人被放出来，与老钟一点关系都没有，并且了解到老钟根本没有能力帮着夏宏办当兵的事情。而此时，从“捞人”到当兵，夏家已经给了老钟4.4万元。

夏家立刻报了警，同年9月，钟氏父子以诈骗罪被抓。

2008年4月，我在北京市东城区人民法院的少年法庭上见到了钟氏父子。他们一起坐在被告席上，接受主审法官岳慧青的审判。

钟晓穿着一件破旧的黑色棉袄，圆圆的腮帮上有短短的胡茬，看起来有些潦倒的样子，但其神色却绝不能用“黯然”、“紧张”、“懊悔”这些词来形容。如果不是事先对案情已经有所了解，我很难相信这个从容镇定的小被告还只是个刚满18岁、第一次犯案、第一次走上被告席的孩子。

法庭上钟晓交待，从夏家得到的4.4万元钱，其中的6000元，他带着夏宏吃喝玩乐了，其余的被他父亲拿去还债了。

诈骗时的钟晓，还未满18周岁，初中毕业后因交不起上高中的学费而辍学在家。他们一家三口全部无业，靠微薄的救济金生活。母亲常年生病在床，父亲靠拆东墙补西墙、四处借钱度日。原本，靠着两个身强力壮的男性，这个家庭也可以通过诚实劳动获得稳定的收入，过平安而快乐的生活。然而，因为懒惰，因为贪婪，因为过低的道德底线，这两个人抱着侥幸的心理，用不断堆积的谎言来诈骗钱财，在一时不劳而获的享乐之后，终因谎言被戳穿而接受法律的严惩。

庭审中，面对法官严肃地提问，父亲老钟的回答经常是“我记不清了”，而儿子钟晓在法官问“对以上所述有异议吗”之后多次作答“有”，然后坚决地推翻预审中记录的已承认的部分事实。当法官质问：“那么，你为什么在预审中签字同意了？”钟晓的回答是：“他们打我，我没办法，只好签字。”而他口中所谓的“打”，在他和我交谈时脱口而出的是“就是推了一下我的头”。

作为有着多年心理咨询经验的咨询师,我都无法看到钟晓笃定的面容背后有心虚的存在,但在一个多小时的庭审过程中,这个孩子却显然依旧在使用谎言,在确定的事实面前依旧顽固地否认。

对于钟晓来说,在诈骗时所说的谎言只不过是一点点越说越大的谎言,而庭审中所说的谎言变成了被关押期间经过深思熟虑的谎言。前者是为了得到金钱,后者是为了推脱责任。这原本就是谎言的两个基本目的:要么是为了得到好处,要么是为了逃避处罚。

专家剖析

耳濡目染下的撒谎成性

为了达到自己的目的,钟晓已经完全不在乎事实,谎言对他来说,只是实现目的的工具而已。庭审之后,我和钟晓面对面交谈,这是他留给我最深的印象。

撒谎对青少年来说,是极其危险的品质。正常的成年人即便撒谎,也有一个度,因为他们知道谎言稍不留意就会被揭穿。但对心智还没有成熟的青少年,一旦开始撒谎,就很难停止下来,谎会越撒越大,直至“睁着眼睛说瞎话”,发展到最后,他已经分不清自己说的什么是真的、什么是假的。钟晓的情况,大抵如此。

都说孩子不会说谎,这其实是一种误解。当涉及自身利益时,孩子撒谎的程度可能令成人都感到吃惊。偶尔撒一两次谎没有什么,没有任何人敢说自己一生中从来没有说过一句假话,我们生活在这个世界上,就难免会因情势所逼加以适当的反应,有时谎言也是善意的。但如果成为习惯性撒谎,将谎言弥散到生活中的方方面面,那这就不仅是一种恶习,而且还可能会构成犯罪。像诈骗这样的行为,百分之百是建立在谎言的基础上的。

一般来说，一个孩子形成习惯性撒谎主要有两个原因：一是通过撒谎尝到甜头，这种情况多半发生在要求严厉的家庭，由于说真话会带来父母过分严厉的责罚，造成孩子做错事时说假话，慢慢孩子就学会了察言观色，以获得好处来决定自己讲述事实的方式和内容；二是父母亲本身经常撒谎，孩子不知不觉就学会了这种方式，在没意识到的情况下就已经谎话连篇。相对来说，后者对孩子的损害会更大，因为在第二种情况下，孩子根本没有意识到撒谎本身是不道德的、是错误的。

钟晓承认他以前也撒过谎："我为了证明自己强大，就在学校里说我有好多军人朋友，他们会为我撑腰。"说这话时，他显得很开心。他家确实住在部队大院里，这也是他们这次诈骗能够骗到钱的一个原因。可惜，那些军人未必是他的朋友。

钟晓的父亲，几乎靠着谎言在生活。他到处用谎言借钱，钟晓的抽屉里有好多父亲欠款的借条。这次诈骗的一个主要原因就是其中一个债主逼着还钱，他父亲已经无计可施。

问到父亲的所作所为是否有问题时，钟晓回答："他也没有办法嘛。家里没钱，只好这么办。再说，他骗人我也不知道。"

"你恨他吗？"

"不恨。他到底是我爸。再说他都后悔了。"

听起来，钟晓很孝顺，无论爸爸怎么做都不怨恨，还帮着爸爸向妈妈隐瞒好多事情，为的是不让妈妈伤心。但这样的孝顺，是在丧失了基本的是非判断标准之后的。在心理学上，有个词叫"认同"，具体到钟晓这里，就是他认同了父亲的行为，并内化成自己做人的标准。他在父亲的言传身教之下，逐渐变成了和父亲一样的人。父母的行为会成为孩子模仿的榜样，不管这样的行为是好还是坏，都会在潜移默化中对孩子产生影响。比如，有暴力倾向的孩子，基本上都来自有暴力倾向的家庭，他在家里被父亲打，在外面就打别人。同样，钟晓的爸爸一贯撒谎，嘴里没两句真话，钟晓没有学会其他与人交流的方式，于是也将谎言作为自己言谈的一部分。

从某种意义上来说，钟晓是个受害者。如果不是有这样一位父亲，他就不会撒谎成性,也不会越来越深地卷入诈骗事件中。但在事件发生之后,在岳慧青法官苦口婆心地劝说之后,他依然不改旧习,就不是一时糊涂,而是积习已深了。

假如他出去后生活再次陷入困境,假如还有机会骗到钱财来肆意挥霍,他还会重蹈覆辙吗?钟晓对我所说的话也许可以回答这个问题:“有钱的感觉真好。当拿到两万块钱时,我都激动了。那么多钱啊!”他始终认为“给人办事,就应该拿钱,但不能像这次这么骗,必须真办事。如果真给人捞出来了,真给人找着工作了,那拿点儿钱是应该的”。

钟晓说他这次出事就是被父亲“刮蹭”了,他准备出去以后学习法律,以免再犯罪。

本案的主审法官岳慧青说:“对未成年人量刑时,需要考虑惩罚和宽大两者到底哪个更有利于他们今后的人生,更有利于减少社会的不安定因素。”

我很赞成她的说法。与此对应,从心理的角度来说,如果一个人已形成不好的行为习惯,那要改变它,首先可以考虑从改变认知入手,让其认识到行为的危害性,然后改变行为。但如果这样的行为已是固若金汤,而且能给他带来一些特别的好处,那就可以采用“惩戒疗法”,使行为者接受足够的惩罚,这样一来,坏行为再发生的几率就会大大减少了。(文/陈华)

本案主审法官手记

放在我办公桌上的案卷是一起父子联手诈骗案:被告是一对亲生父子,年近50岁的父亲带着不满18周岁的儿子,父子两人巧言设计了一出坑蒙拐骗的骗局。

在审理中我发现,父子二人采用编造虚假事实的方法,骗取他人4.4万元,数额较大,他们的行为已经侵犯了公民财产权,构成了诈骗罪。鉴于被告人钟晓犯罪时还不满18周岁,而且属于从犯,所以在判决时给予了从轻处罚,判处钟晓有期徒刑一年零六个月。

案件终结后,我感受颇深,想给父母和处于青春期的孩子一点点建议:

第一,家庭是孩子成长的摇篮,家长是孩子的第一任老师,家长的品行无时不对未成年的子女产生潜移默化的影响。庭前调查中,我们了解到,钟晓的父亲系无业游民,整日无所事事,宿有坑蒙拐骗的恶习。钟晓的母亲因不堪忍受丈夫的不务正业,一年前提出离婚,她告诉我:“我跟他过了半辈子,他就是这样骗了东家骗西家,我不停地在替他还债。”

第二,处于青春期的未成年学生应回到学校中去接受正规教育,不能闲散于社会。钟晓2007年中考考上一所民办学校,由于家庭经济困难,未能如愿上高中。17岁的钟晓辍学在家,整日随着父亲四处游荡,陪着父亲与别人喝酒,谈所谓的生意(实际上一个都没成)、玩麻将。精神无所寄托,过早接触了社会上那些不三不四的人。

第三,父母离异的打击使钟晓产生被家庭抛弃的感觉。他告诉我,他不愿父母离婚,但一年前,父母带着他去办了离婚手续。辍学、家庭破裂对青春期的钟晓有一定的打击。这里我们也提醒成年人在解决家庭问题时,一定采取慎重的态度,要与子女很好地沟通,不要以为婚姻只是两个人的事情,忽视未成年子女的感受。

No.25 心灵对话:小情侣制造的血案
——“感情补偿”中的风险

[引言]

随着女孩的母亲倒在血泊中,这对少年情侣的人生也从此改变,一位将在狱中度过余生,另一位也难以逃出心灵的牢笼。

心理专家告诉我们:进入青春期的孩子,渴望爱和亲密,而双亲缺一、父母感情不和、父母因忙于自己的事业而被忽视了的青少年,更有可能将异性交往作为一种情感的补偿行为。

非常故事

从一段恋情到一宗谋杀

眼前的钟宁(化名)只有 14 岁,却比同龄的女孩显得成熟。这个娇小漂亮的初中女生,眼中透着一种忧郁。一年多前,她与刘鑫(化名)偶然相识,当时的刘鑫在另外一所中学读高中,高大帅气,成熟体贴,两个人通过网上聊天、手机短信,很快就成了无话不谈的朋友。

刘鑫的父母早年离婚,他和奶奶生活在一起,父母对他表达爱的方式就是给他钱;而钟宁的父母因为工作繁忙,很少陪伴她,她一直是由保姆照顾的。两个缺乏家庭关爱的孩子,彼此倾诉、彼此温暖,很快从普通朋友发展为男女朋友。每天中午,刘鑫都会到钟宁的学校看她,给钟宁买好吃的,两个人散散步,聊聊天,再各自回去上课。

很快,钟宁的妈妈通过学校了解到自己女儿在与一位外校男生交往,她大发雷霆。从此,每天和钟宁的表姐轮番接送钟宁上下学,让他们没有任何时间接触。有时刘鑫会到校门口等钟宁,他们装着不认识,相视一笑,擦肩而过。钟宁说:“除了离家出走的那段日子,我们从来没有踏踏实实地坐一起、待会儿,都是被大人盯着。”钟宁是没有家里钥匙的,妈妈或表姐把她送回家后,给她准备一点儿吃的,就把她反锁在家里,各自忙碌去了,通常很晚才回家。终于,有一天,她找到了机会,和刘鑫一起离家出走,去享受她渴望的自由。

离家出走的日子,他们过得非常愉快,细心的刘鑫带了很多钱,还有游戏机、DVD,甚至钟宁的衣服。两个人每天出去买菜回来做饭,过起了他们的隐居生活。

钟宁的妈妈在警方的帮助下,在北京的郊区找到了他们。回家后,钟宁的妈妈带钟宁到医院做妇科检查,结果如她所料,她当即起诉刘鑫强奸幼女,钟宁恳求妈妈能跟自己好好谈谈,但刚一说到刘鑫,妈妈就突然动手,用电话往钟宁头上砸,两人厮打起来。

此后,钟宁妈妈的情绪一度失控,在一个雨夜,她甚至拉着钟宁跳河,在斜坡上,钟宁抓住石头,哇哇大哭。幸亏一位先生路过对钟宁妈妈说:“你再这样我报警了,别这样对孩子。”那之后便是暑假,钟宁被关在亲戚家中,失去了与外界的联系,直到新学期即将开学的日子,钟宁回到妈妈的住所,这才有机会偷偷给刘鑫打了电话,诉说了一个假期的苦衷。

开学当天,钟宁和妈妈都起得很早,正准备出门,有人敲门,钟宁的妈妈打开门,看到是刘鑫,就破口大骂,很快他们就扭打在一起,刘鑫用带来的电棍将钟宁妈妈打倒在地,钟宁沉默着回到自己的房间,她听到妈妈在喊:“宁宁,救救妈妈,救救妈妈。”钟宁紧紧地捂住自己的耳朵。不知过了多久,当钟宁走出房间的时候,见妈妈躺在血泊中，刘鑫坐在沙发上，满手鲜血，他看看钟宁，说了句：“对不起！”钟宁打电话报警，刘鑫束手就擒。

“他们（指父母）挺忙的，我生下来就是保姆带，还有姥姥。”钟宁这样描绘自己的童年：“我妈妈工作特别疯狂，生活中什么都没有，回家就跟家里人吵。”但忙碌的妈妈还是比较关注钟宁的，特别是钟宁的学习。小学三年级的一个周末，准备午睡的钟宁被妈妈逼着做练习册，因为困，因为不情愿，因为孩子都有的那点儿小聪明，钟宁偷偷翻到练习册的后面，照着参考答案抄了一遍。不巧的是，钟宁将答案抄错了行，被妈妈一眼看出来，一个耳光扇了过去，又用墩布上粗粗的木棍打钟宁的头和后背，被打倒在地的钟宁她哭着求她：“我错了，你别打了，求求你！”妈妈却说：“你有点儿骨气行不行呀，别这么轻易求人！”那是夏天，钟宁穿着短袖的衣服在楼下玩儿时，小朋友的妈妈看见她身上的瘀青，问钟宁：“怎么了？”钟宁流着泪回忆着当时的情景，“我特别不好意思说，特难受。”钟宁哽咽着说不出话，停了一会儿，又说：“这件事我永远忘不了。从那以后，我就彻底的不想跟她多说话了，她到底是不是我亲妈呀？”随着小学课业负担的逐渐加重，钟宁被妈妈责打的次数越来越多：“她打我打得特别厉害。她天天打，天天打。”

与妈妈相比，钟宁更喜欢爸爸。“我爸爸从来没打过我，有什么事他说说我，第二天就好了。”说到这儿，钟宁还破涕为笑了。但在这个家庭中，爸爸的话是微弱的，他无力改变女儿挨打的局面。因为在教育孩子上意见不一致，夫妻俩也经常发生冲突，并最终协议分居，钟宁和妈妈生活在一起。

比起身体上的疼痛，钟宁心灵上的伤害来自妈妈语言上的中伤。小学五年级时的一天下午，妈妈接钟宁放学回家，在公共汽车上，当着车上的乘客骂钟宁：“猪狗不如的东西，你这样活着有意思吗？人模狗样的，成天你混什么呢？”钟宁边哭边回忆，“我那时是纪律委员，班上除了班长就是我管纪律，我觉得我没有那么差，但她就一直不满足，我就得一直爬、一直爬。突然有一天，我特累了，爬不动了，想歇会儿，但是已经没地儿停了，就摔下来了。”钟宁一直流着眼泪水诉说，嗓音已经很沙哑了。“可能孩子出生时，都是跟妈比较亲吧，每个孩子对妈妈都有感情，但这份感情，她每打我一次就少一点儿。”钟宁用手比划着，充满泪水的大眼睛看着我，继续说：“在我印象中对妈妈的这份感情就没有回涨，一直往下跌，往下跌……就跌到底了。”

到中学以后，钟宁也忘了从什么时候开始，妈妈再打她的时候她开始还手了。“我觉得不能再让她这么打我了，我觉得委屈，她凭什么这样打我！”那时候，钟宁的学习成绩不是太理想，妈妈经常训斥她，她也回敬妈妈。“我们每天都得吵，吵急了她就冲我嚷嚷，我也冲她嚷嚷，我那时候特别叛逆，不能再像小时候那样挨打了。”钟宁的情绪有一点儿激动。“你就是不能动我，就是不能打我，你为什么从小到大总打我呢？甚至有时候，我在心里想：我要把从小到大你打我的，我全都还给你。我不想跟你一块住，我以后再也不理你了，我当你死了，我不想再见到你了。”不久，钟宁如愿地搬到爸爸那里住。

天下没有哪位母亲不爱自己的孩子，与女儿分别后，钟宁的妈妈非常想念她，有时她特别晚打电话给钟宁，说：“你下楼吧，我都好久没见到你了，让我看看你。”钟宁不想见，就说：“太晚了，我要睡了。”“我给你买吃的了。你就下来吧，我都在这儿了！”钟宁就下去，拎了东西就上楼，进屋赶紧吃，吃完就把所有的扔掉，不想看见和她有关的任何东西，看见就心烦。她们母女的关系已经僵持到极点。就是在这个时期，钟宁认识了刘鑫，从刘鑫那里得到了许多的温暖和关爱，但被妈妈发现后，她大骂钟宁的爸爸无能，孩子到你那儿住了没多久就交男朋友，钟宁被迫搬回妈妈的住处，并被严密“监控”，遗憾的是，她非但未能操控孩子的未来，甚至未能把握自己的未来。

专家剖析

不要让爱成为一种伤害

在一个小时的交流过程中，钟宁始终用“她”来叙述有关妈妈的事情，而提到爸爸的时候,则会说"我爸爸……",她对妈妈的感情似乎消失殆尽了,妈妈留给她最深的印象就是打骂,这有可能是钟宁的一种选择性失忆,其实也是一种无意识的心理防御机制——合理化,这也许会让钟宁更容易接受眼前的事实。

从钟宁的描述中,我们不难发现,妈妈还是爱钟宁的,所谓"爱之深,责之切"。正是出于深深地疼爱钟宁,才对她有特别高的期望,要求也特别严格,责罚自然就越迫切,甚至苛刻。但她不明白,也许正是因为她过于关注钟宁的学习,才使得钟宁的学习越来越不理想。深层心理学认为,如果没有明显的智力上的问题,学习某一样技能有困难,可能是潜意识里不愿意学好的表现——她让自己成绩变糟糕。因为母亲对她过多的控制,使得她希望通过失败来反击母亲,以表示自己是成长的人。

此外,在钟宁的童年,妈妈由于工作繁忙,很少陪伴,错过了与孩子建立依恋和亲密的最佳时期,没有充分的爱作为基础,管教只会培养叛逆。家庭过于严厉的体罚,对于孩子的心理会产生较大的影响,孩子会从恐惧变成一种仇视,再由仇视演变为暴力。可以说,孩子是从家长那里学会了暴力,或者是对暴力的无动于衷。特别是在钟宁已经上了初中,进入青春期以后,妈妈还用"打骂"的方式管教,显然,除了伤害,别无其他。

进入青春期的孩子,渴望爱和亲密,而双亲缺一、父母感情不和、父母因忙于自己的事业而被忽视了的青少年更有可能将异性交往作为一种情感的补偿行为。钟宁和刘鑫就是这样,在他们看来这份"爱情"是他们情感世界的全部,为了维持和捍卫这份"爱",他们不顾一切。"刘鑫觉得我这样生活太痛苦了,才干了这件事。"钟宁这样理解刘鑫的犯罪。

青少年出现行为偏差的主要原因,归根结底都与缺乏家庭的关爱有关。并不是说父母不爱他们,而是从孩子的角度感受不到父母对自己的爱。如何向青春期的孩子表达爱的确是需要学习的。每个人都渴望爱,但每个人表达爱的方式不一样。妈妈的严厉是出于爱,刘鑫的行凶是出于爱,这两份爱汇集到钟宁的身上,似乎过于沉重。“刚出事的时候，我不怪自己，我觉得我比原来过得好多了，可能有人会说这孩子怎么这么没良心，可是我真的觉得再也没有人打我，再也没有人拉着我跳河了。但现在我心里特别难受，觉得自己犯了一个很大的错，然后就越来越自责，真的缓不过来了……”（文/万秋实）

No.26 心灵对话：一名“90 后”毒贩

——单亲家庭更需防止孩子“孤独”

［引言］

一个“90 后”少年因涉嫌贩毒被抓。当他“双手抱头，在法警的押解下低头进了电梯”时，心理专家不禁心头一颤：“多么阳光的少年啊，怎么会走上犯罪的道路呢？”

心理专家告诉我们：生长在单亲家庭的青少年，心理状态较为脆弱、动荡、多变，对毒品的免疫力尤为低下，极易受到毒品的侵蚀。

非常故事

流浪猫式的生活

2008 年 7 月，人人都沉浸在奥运国际盛会的喜悦之中。大亮（化名）像往常一样很早就来到自己的店里，开始打点生意。一年前，大亮从职高辍学在家，在妈妈的资助下，开了一家文身店。

他喜欢画画，喜欢那种随意涂涂抹抹的感觉。

其实文身店并不大，大亮只是暂借朋友发廊的一席之地，这位朋友名叫李统（化名），一直很照顾大亮。这天，李统还没到店里就给大亮打电话：“帮我给一个朋友送点东西，货到把钱拿回来给我就行！”大亮二话没说，拿了东西就上路了。

没想到，三个小时以后，大亮就被警察带到派出所了，这时他才知道自己带的是毒品，他后悔莫及，无言以对。

他自己也沾染过毒品，他说，那种感觉能让自己忘记烦恼，暂时的逃离现实的生活……

法庭上，大亮的父亲木讷地坐在监护人的座席上。大亮进来以后，静静地坐在被告席上，没有一丝与父亲的目光对视。

法官问大亮：“你对犯罪事实有什么要说的吗？”大亮摇摇头。

父亲抬头看看儿子，又沮丧地低下头。

“大亮的监护人，有什么要说的吗？”法官问父亲。

父亲看着儿子，停顿几秒，顿时空气凝结了。“我就说让他好好上学，说话他也不听。”父亲无可奈何地表达着：“我希望政府宽大处理他，给他改过自新的机会。作为父亲，我一定好好监管他。”父亲的声音哽咽了，眼角也湿润了。

爱在心头口难开，父亲的心中涌动着对大亮的爱。可是，大亮依旧漠然地呆呆地坐着。

庭审结束后，法官把父子俩留下。他们面对面默默地坐着，儿子那双特殊的手搭在自己的膝盖上，父亲盯着良久。

“此时此刻，作为父亲，你想对儿子说什么？刚才在法庭上，我们都能感觉到你很动情，很激动。”我问。

父亲不自在地挪动着身体：“没什么可说的，出来后就上学去吧！”

“你应该把自己的真实感受表达给儿子，也就是此时此刻的心情。”我试着让他放松。

父亲哽咽地说：“从孩子很小时，他母亲离开我们，我当时工资很少，但拿出大部分给孩子买东西，恐怕委屈了孩子，因为没有妈妈，尽量满足他的要求。虽然，我没有他妈妈挣钱多，也是我的大部分工资了。唉，就这样溺爱，惯坏了！”

大亮低着头，没有任何反应。父亲也沉默了，双手抱在胸前，呆呆地看着儿子。

我告诉父亲：“你握着儿子的手，这一双特殊的双手，需要你的温暖。”

父亲轻轻地靠前，当两双手握在一起的时候，儿子依旧很漠然，父亲的爱和关怀并没有暖化儿子冰冷的心。我示意父亲离开，将手放在大亮的肩上，轻轻地告诉他：“孩子，其实你很需要关心，很需要帮助，很需要大家的支持！”

大亮顿时泪流满面。

“你刚才没感觉到父亲心中对你的牵挂？”

“没有，甚至我觉得他刚才的举动很虚假。”

我愕然了。可怜天下父母心，哪有不牵挂孩子的父母？

大亮的父亲是一位老实巴交的工人，初中文化水平，做人本本分分。自从父母离婚以后，大亮就和奶奶生活在一起，很少看到父亲。大亮这样描述“他根本不管我，有时候给我买一些吃的，仅此而已”。

后来，奶奶岁数大了，大亮回到父亲的身边，“但父亲的家里还有继母，我在这个家里好像很多余。六年前，妹妹的出生，我成了可有可无的流浪猫”。

“如果我哪天意外死在外面，估计他们都没人能想起我的存在！”大亮说着流下伤心的泪水。

记得有一次，大亮和朋友们聚在一起吃喝玩乐。一个朋友要起身告辞：“今天是元旦，我必须早点回家，我妈还等着我呢！”朋友走了。

大亮和其他人继续玩耍，另一位朋友电话响了：“我爸给我打电话了，我得赶快回家。再见，节日愉快！”这位朋友也走了。

朋友们相继回家和亲人团聚了，大亮却独自在大街上徘徊。很久以来，没有人牵挂他，没有人关心他，没有人需要他……

那天，大亮回到父亲家。父亲默不做声地开门。大亮回到自己的房间，听到父亲一家三口嬉戏打闹的声音，他开始憎恨继母以及妹妹，夺走了本该属于自己的幸福和快乐。

自从上初中以后，大亮在外面结交很多朋友，李统就是其中一位。这位长他5岁的大哥，和大亮有着相似的经历，父母离异后跟随爸爸。自从结交了李统，大亮觉得生活有了依靠，对大哥的话也是言听计从。

专家剖析

单亲孩子吸毒心理分析

在毒品日益猖獗的今天，我们每个人都可能有与毒品接触的机会，思想稍微放松警惕就有被卷入的可能。而像大亮这样的单亲家庭的青少年，心理状态较为脆弱、动荡、多变，对毒品的免疫力尤为低下，极易受到毒品的侵蚀。

大亮沾染毒品应该是单亲家庭、社会不良同伴的影响和自身内在因素的综合。脆弱、自私的性格注定了大亮的怨天尤人和自艾自怜。

我曾与大亮的妈妈联系，妈妈很有戒备地回了电话，打消了她的疑虑之后，妈妈说自己最近身体不好，刚刚出院。

我问："大亮知道你的病情吗？"

妈妈说："不知道，不想让他担心，不想给他压力。"

这就是母爱？大亮在埋怨父母的离婚给自己带来孤独感的时候，是否知道父母是这么爱他吗？的确，自从父母离婚以后，他们也把对大亮的爱深埋心底。难怪大亮感觉自己像一只流浪猫。

对于大亮来说，他经历了父母亲的溺爱、父亲的溺爱和父母的不闻不问三个阶段。父母刚刚离婚的时候，父亲十分呵护大亮，生怕孩子受委屈，拿出自己大部分工资给孩子买玩具，也不考虑再婚。

据数据统计，在单亲家庭里，过度呵护型的家庭教育占整个单亲家庭教育的53.21%。在父母离异之后，为了弥补家庭破裂给孩子造成的心灵创伤，他们把全部的情感都施加在孩子身上，一切都任由孩子摆布，宁愿自己受苦受累，也不让孩子受一点“委屈”，对孩子的疼爱和关怀更是无微不至，在吃、穿、玩、花等各方面无一不予以满足，只要孩子开口，父(母)亲没有不答应的。

大亮的父亲就是这样。把自己微薄的工资全部用在儿子身上，以弥补母爱的缺失。孩子则衣来伸手，饭来张口，不必为自己的生活安排和学业计划操心，一切自有爸爸或妈妈所替代。长此以往，就养成了孩子的过分依赖心理。在这种环境下成长起来的孩子，脆弱、缺乏主见和独立意识，一旦离开了家长，便茫然不知所措；同时，这样的孩子处处以“自我”为中心，变得自私、专横和任性的“小霸王”、“小皇帝”，缺乏同情心和责任感，不懂得尊重他人，非但不理解父母的良苦用心，还瞧不起含辛茹苦养育他们的父母。

可是，让父亲伤心是的，他经心呵护的孩子却因为意志消沉、为了逃避生活而沉迷于毒品。

青少年沾染毒品的心理有：好奇心理、合群心理、寻求刺激和逃避现实生活等。大亮第一次沾染毒品，就是为了解脱生活中的烦恼。从心理学角度来讲，负性生活事件，就是生活中的不愉快事件最容易使青少年为逃避现实生活矛盾，求得心理解脱而投向毒魔的怀抱。因生活不如意造成情绪低落、意志消沉、感情无处寄托而沉迷于吸毒，以求自我麻醉，忘却尘世的烦恼与忧愁者，都属此种情况，多以青少年为主。

青少年的心理尚不完全成熟，感情较脆弱，遇到生活中的压力，受到伤害，精神极易被摧垮。精神痛苦，自我调节能力有限，便借毒消愁。在父母离婚时，大亮心中就已形成了“爸妈不要我”的“原始”印象。大亮一直以为自己是一个被生活抛弃的人，整天郁郁寡欢，生活的烦恼充斥内心。

单亲家庭的父母如果对孩子不给予一定的关怀，那么孩子就会产生这种错误的直觉。而这种“放羊”式的教育给孩子造成的将是更多的痛苦与创伤。孩子觉得有家无家一个样，回不回家没有多大关系。如此管教方式，给孩子离家出走创造了机会，给孩子犯罪创设了条件。

我真心地希望大亮的父母能多与大亮沟通,消除他内心“被抛弃”的印象,从情感上给他更多的关怀。这种情感交流能够很好地促进他鼓起生活的勇气,勇敢面对生活的挫折和困难,从而坚强地面对生活。

同时,父母还应该尽力为大亮的成长提供健康的环境,让他远离不良环境的影响,多接受积极向上的文化的熏陶。

作为大亮的父母,他们面对生活或许有无奈,他们也在以自己的方式爱孩子。但是,引领孩子健康、积极乐观地生活应该是父母的基本职责。

在生活中,大亮应该学会为自己负责,并追求有尊严地生活。(文/杨素梅)

No.27 心灵对话:无辜的受害者

——家庭暴力下成长的孩子

[引言]

母亲在他9岁时离家出走,杳无音信。父亲的疏远、暴力更让他渴望、怀念那个温暖的家。长期的悲伤、无助,使他将一腔愤怒发泄在一个素不相识的出租车司机身上。

心理专家告诉我们:犯罪的未成年人往往缺乏对别人起码的尊重和同情心,甚至把自己的快乐建立在别人的痛苦之上。这和青春期的孩子内分泌腺在生长发育,大脑常常处于兴奋状态——常常表现为突然产生激情,但又转瞬即逝有关。本案中的少年对陌生、无辜的出租司机一刀刀刺下去,只为自己一时的宣泄。

非常故事

他极度渴望温暖的家

17岁的陈周晶(化名)白净瘦弱,身高大约1.7米。他坐在我面前,俨然就是一个还在发育、需要营养的普通中学生,只看他的外表,我无法将他与凶悍的持刀伤人者联系在一起。只是在他抬起头来时,在掠过的眼神中,我看到了空洞、无望中透着的无奈、冲动甚至有一丝邪恶。

陈周晶的爸爸姓陈，妈妈姓周，他是爸爸妈妈爱情的结晶。“这个名字还是姨姥姥给起的呢!”陈周晶说，他很喜欢这个名字，也特别喜欢别人叫他“晶晶”。晶晶的父母是自由恋爱结婚的，也曾有过幸福甜蜜的家。然而从晶晶3岁时妈妈第一次离家出走开始，直到他9岁时，妈妈一走就再也没有回来。从此小晶晶就再也没见过到妈妈，再也感受不到母爱了。

在晶晶妈妈频繁地离家出走的那6年时间里，每次爸爸将妈妈找回来，小晶晶都特别高兴。因为妈妈在家就有好吃的、好喝的，有妈妈照顾、督促自己，学习也变得有劲儿，最重要的是，家变得温暖了。然而，好景不长，过不了多久爸爸妈妈又会争吵，爸爸又会打妈妈，妈妈就只好再一次离家出走。到现在晶晶都想不明白爸爸为什么会一次又一次打妈妈？幼小的晶晶“很苦恼，很伤心”，心里非常想妈妈，但见不到妈妈，他“很无助，痛苦无处说，伤心无处诉”。晶晶深深地叹了一口气。

晶晶说原本他的父母是很恩爱的，在他看来，是两个家庭的不平等，让父母矛盾越来越大。

晶晶的妈妈是独生女，用晶晶的话说是“姥姥和姥爷的掌上明珠”，晶晶的姥姥家住在县城，经济条件还不错，所以两位老人有点看不上农村出来打工的女婿。晶晶的爸爸是出租司机，早出晚归。他为了多挣些钱，好在岳父岳母面前挺直腰杆，经常加班，不能准点回家。久而久之，左邻右舍就有些风言风语，而两位老人就越发地对他有意见。他感觉妻子也受她父母的影响，看不起自己甚至自己的家人，夫妻俩因此争吵不断。

晶晶说他爸爸脾气很烈，吵急了就动手打他的妈妈。幼小的晶晶心里非常害怕，但他太小，无法阻止。被打后的妈妈就选择离家出走。他们最后一次打架是在晶晶9岁时，晶晶爸爸因为妻子对自己父亲不尊重而发生争吵，且一怒之下又暴打了妻子，这次晶晶的妈妈离家出走后就再也没有回来。

愤怒之下，晶晶的爸爸是通过法院起诉离婚，法院通过缺席审理，判决离婚。

从此，还在上小学的晶晶失去了母爱，痛苦、忧伤、愤怒、无助如影随形。幼小的晶晶多么渴望母亲的关心和爱护,多么渴望有一个温馨的家。一天天地逝去,小晶晶没有盼到妈妈的身影,爸爸也到北京打工了,只剩小晶晶在家,生活由奶奶照顾。“奶奶很宠着我,可是妈妈走后我不想学习了,成绩越来越差。我心里痛苦难过,感觉非常无助。后来我就不上学了。”

在老家,晶晶是有朋友的,但是他说:“朋友们都上学,其实我感觉痛苦的时候是不想被人打扰的,只想一个人待着。所以也很少找朋友玩儿。”

“我哭过,后来不哭了,因为哭也没用。不上学了,为了打发时间,我就去网吧玩游戏,游戏能给我带来短暂的快乐。”孤苦伶仃的晶晶就这样度过了他的童年、少年。“我已经不记得妈妈长什么样了。”渐渐进入青春期的晶晶变得内向、孤僻,非常逆反,尤其和爸爸关系越来越不好。

出门打工远离孩子的父亲对晶晶充满愧疚,就用钱来补偿孩子。而长期的孤独苦闷,使晶晶学会了抽烟、喝酒。爸爸对此并不知晓,从不知道给孩子的钱花在哪儿了。

2008 年 9 月,晶晶的爸爸意识到是长期和孩子不在一起生活才导致他们感情疏远了,所以将晶晶接到北京,希望能改变父子的关系。此时,晶晶的爸爸已再婚。

“爸爸在棋牌室给我找了份工作,是爸爸朋友开的,每个月有 2000 元左右的工资。也没什么事。”然而在北京一起生活的半年时间里,父子关系并没有得到改善,他们彼此都觉得很难沟通,甚至非常对立。虽然晶晶的父亲尽量满足孩子的金钱需要,每个月都会额外地再给晶晶 2000 多元钱,但是晶晶认为“爸爸给再多的钱也代替不了我想要的温馨的家”。我看到了一直在我面前极力表现出坚强的晶晶,眼中闪动着泪花。“我们之间没什么好说的,甚至不能在同一个房间,一说话就吵架。”

“为什么会拿刀去刺伤与你无怨无仇、载你回家的出租车司机呢?”我问他。

“我就是想发泄一下,因为我没地方发泄。我心中充满了愤怒、忧伤和无望。发泄了,心里舒服些。”晶晶将头低下去,不敢看我的眼睛,小声说:“之前和爸爸吵了一架,又出去喝了点儿白酒。心里实在憋得受不了,所以……”

专家剖析

他在家庭暴力中长大

17 岁的晶晶按年龄该是高三的学生了,然而失去母亲的晶晶痛苦难耐,无心学习的他小学毕业后就不再读书了。

从认知特点来看,晶晶的认知结构不成熟,即认知不能控制情绪的影响,往往会感情用事,一旦有了犯罪欲求的倾向,就变得难以抑制。加之他缺乏法律知识,更无法制观念。晶晶与父亲吵完架后,难消心中的愤怒,他没有求助他人,而是借酒浇怒,却怒上加怒,以致失控。

从情感特点来看,晶晶表现出情绪体验的原始性、低级性以及情绪的易激动性、外露性,未成年人犯罪的这些情绪特点都在晶晶身上体现出来了。长期的母爱、父爱的严重缺失,不和朋友在一起,导致晶晶的情感需求格外强烈,却长期得不到满足。与父亲吵架之后,又喝了一些白酒,心中的愤怒不知如何发泄,于是激情爆发,不计后果。青春期的孩子情绪变化无常,容易冲动,在愤怒时十分凶残粗暴,高兴时也容易动感情。犯罪的未成年人往往缺乏对别人起码的尊重和同情心,甚至把自己的快乐建立在别人痛苦的基础上。青春期的孩子内分泌腺在生长发育,尤其是脑垂体前叶腺体所分泌的激素,使大脑常常处于兴奋状态,情绪因此具有极大的冲动性,但又容易疲劳,使心境不易持久。常常表现为突然产生激情,但又转瞬即逝。未成年人常因外界的刺激而不能控制自己的这种消极情绪,导致不良行为,甚至犯罪行为的发生。这就是为什么未成年人比成年人容易突发激情犯罪的原因。晶晶会对完全陌生的、无辜的出租司机一刀刀刺下去,只为自己一时的宣泄,痛快,完全不顾他人的痛苦,充分说明了这一点。

从意志特点来看,晶晶表现出明显的两重性、冒险性和易受暗示性。未成年的犯罪人在实现社会化的目标方面表现出意志的薄弱性，在实施反社会的活动方面表现出意志的顽强性。父亲的教育偏差，家庭教育的缺失使得晶晶好逸恶劳、贪图享乐、顽劣，整天抽烟、喝酒、玩手机，去网吧打游戏，说明晶晶的意志薄弱性。由于未成年犯罪的冒险性，晶晶在犯罪时表现出狂妄自负、盲目冒险的不良意志品质。由于未成年犯罪的易受暗示性，很容易受到不良暴力事件甚至暴力网络游戏的影响，缺乏成人意志的自觉性。

从行为特征来看，晶晶犯罪最明显的表现是模仿性、冲动性、凶残性和易变性。晶晶父亲对母亲一次次的施暴，既是晶晶心中的痛，又是晶晶愤怒时负面的行为模板。父亲的坏脾气，对继母不尊重的行为表现，发怒甚至打骂，都成为晶晶犯罪的潜在因素、模仿的源泉。同时，未成年人迅速的生理发育大大增强了他们的体力活动量，而心理水平的提高却相对缓慢一些。这就使得未成年人缺乏调节和支配自己活动的能力。他们常常表现为过剩的精力、自制力弱、情绪冲动，特别是在精神空虚、没有寄托，再受到暴力影视、书刊的影响，很容易进行暴力性的犯罪活动。因此，看上去瘦弱的晶晶在失去理智的愤怒情绪控制下，实施伤害。

弗洛伊德的精神分析理论表明，父母与儿童的冲突、不良的抚养技能、较早涉入反社会行为等因素与犯罪行为之间的有密切联系。这些因素都是相互联系、相互影响的。

促使晶晶犯罪的因素是这些因素的集合，是由量变到质变的结果。晶晶父亲与晶晶之间的亲子关系问题没有得到及时有效的解决，父亲只知一味地满足孩子的物质需求，最终酿成大祸。

“唉！为此失去宝贵的自由不值得。我太渴望温暖和谐的家了。”晶晶后悔了。“我知道这次伤害他人错在自己。我出去后准备学一门手艺，自食其力。您让我懂得做事学会坚持，知道要为我自己的人生负责任。”带着对未来的憧憬，晶晶脸上显出难得的笑容。（文/李婕）

No.28 心灵对话：夺人性命的小保安
——“怨恨”的杀伤力

［引言］

在网吧花光最后一分钱的未成年保安小萌，在抢劫时杀死一个无辜者。

心理专家告诉我们：如果说奶奶对小萌的粗暴，造成了小萌的抢劫犯罪，似乎有些牵强，但他内心的愤恨、恐惧、无奈，的确是在那个漆黑的夜晚爆发了。他又一次面对一个强势的人，一个无力控制的局面。这次，他不顾一切地发泄了内心的愤怒……

非常故事

叛逆少年的惨淡童年

见到小萌（化名）时，他的案子刚刚审理完毕，他即将面临14年的刑期。

一个17岁的少年，将要在监狱中度过人生中最美好的青春时光，本是令人感到遗憾和压抑的，但小萌谈起这件事来却非常平静。

脸色苍白的小萌，看起来很瘦弱。从他的语气和眼神中，我能感觉到他的坦诚和一点点的胆怯。“我现在踏实了，我错了，就应该受惩罚。”他说。

2008年8月，小萌来到北京，在一个小区当了保安，月工资600元。这点儿工资对小萌来说,“实在是太少了”。在一次谈心时,与小萌在同一家保安公司当保安的王浩(化名)告诉小萌,他听说一个地方招工,一个月2000元。于是,两个未成年的孩子满怀希望地开始了新的工作。可没过多久,他们就发现被骗了。

11月19日晚上,小萌和王浩从网吧出来时,已身无分文。他们漫无目的地走在路上,突然间,王浩想到了抢劫。小萌虽然知道这是犯法的,但是没有否决。

王浩先去偷了一辆自行车,两人骑到一处相对偏僻的地方时,看见一位30多岁的男子在路边用手机打电话。他们觉得“他有钱,就决定抢他”。

他们悄悄跟着那位男子,当路过一片小树林时,两人上前将其拦住。男子见是两个孩子,并没有当回事,厉声斥责他们,并说要报警。这时的王浩急了,他用刀威胁男子,让他赶快拿钱。“我没钱! 有人抢劫——抓人呀!”男子开始大声喊。王浩一急,扎了男子两刀,想吓唬他一下,没想到男子却越喊声越大,并出手还击。

小萌也急了,他冲上前扎了男子一刀,男子倒在地上,没动静了。“他喊得太大声了,我当时就怕有人听见,然后警察真的来抓我们。”两人匆忙翻了男子的衣兜儿,他身上的确没钱……

闯下大祸的小萌和王浩跑到大兴,东躲西藏地过了将近一个月,最终被警察抓捕归案。“那一个月特痛苦,眼前总出现那个画面,睡不着觉,也不知那个人怎么样了,有没有人救他。和那会儿比起来,现在轻松了,不再害怕了,没什么可怕的了!”说完这段话,他安静了好一会儿。其实,这份轻松是相对的、也是暂时的,当小萌回忆起自己来北京之前的生活时,他越来越无法平静了。

小萌出生在辽宁省一个小县城,一岁多的时候父母离异,法院将小萌判给父亲抚养,父亲将他送到奶奶家,由奶奶将小萌带大。

我问小萌:“你对爸爸的感觉是怎样的?”小萌回答说:“他不负责任。”

在小萌的印象里,爸爸很少来奶奶家,即便来了,也不见小萌。他偶尔会听邻居说起,他爸爸来了,是开着车来的……有一次,小萌见到了爸爸,他高兴地喊:“爸爸!”结果爸爸根本不理小萌,跟奶奶说了几句话就匆匆走了。

小萌也很想见妈妈，但每次跟奶奶说想见妈妈时，奶奶就说："有什么可见的，不见！"回想起这些，小萌非常难过："我觉得我跟别的孩子不一样，别的孩子有爸爸妈妈，我没有。"

小萌爷爷去世早，奶奶孤儿寡母很不容易，儿子结婚生子后没几年就离婚了，这在当地也是挺丢人的事，也许是因为这些，也许是本来就性格暴躁，奶奶对小萌极没有耐心。"我奶奶精神不好，总打我，还用针扎我，晚上不让我睡觉。"小萌说到这些，情绪明显激动。

小萌印象最深的是小学四年级时的一件事。他正在学校上课，奶奶来到学校，二话没说，把他带回家，拿起棍子就打。她边打边说："你别上学了，我没钱供你上学。"原来，奶奶发现家里少了50元钱，认为是小萌偷的，结果几天后她想起来，是自己交了电费。

说起奶奶，小萌说："我恨她！好像我不是她亲孙子似的。"小萌回忆道，"她经常说'你妈不管你，你爸也不管你，你去死吧'！但我实在没有死的勇气。"

在小萌的印象里，自己没有开心过，生活中没有温情。在学校，他没心思学习，没什么朋友，放学也不愿意回家。因学习成绩不好，他经常被同学嘲笑。

15岁那年，班上一个同学又欺负他。他忍无可忍，和对方扭打在一起，结果回到家里又被奶奶一顿暴打……我打断小萌，问道："当时你已经15岁，你奶奶打得过你吗？""我奶奶打我，我从不还手，我觉得让她打死我就算了。"停了一会儿，小萌继续说，打完了奶奶觉得还不解气，把家里农药拿过来，边往小萌嘴里灌边说："你别活了！"奶奶往里灌，小萌就往外吐，他伤心难过，内心对奶奶充满仇恨！第二天，他做了一件事，彻底断送了祖孙的亲情，他将剩下的农药悄悄倒进奶奶的水杯。他说："你给我喝，我也给你喝。"奶奶不知情，真喝下去了，但因为量不大，并没怎么样。之后，奶奶对小萌说："我实在管不了你了，你去找你妈吧！"

小萌被亲戚送到妈妈所在的城市，他对妈妈没有印象，只是听奶奶说妈妈很懒，很不好。在火车站，小萌"第一次"见到了妈妈，妈妈泪流满面。"你哭了吗？"我问小萌。“我想哭但哭不出来，就说‘妈，儿子来找你了，我奶奶对我太不好了！我只能来找你了’。”妈妈抱着小萌痛哭。“看着妈妈哭，我心里难受，但感觉很幸福！”

在妈妈身边的一年多时间，他看到妈妈是个很勤快的人，继父身体不好，所有的活都是妈妈干，他更觉得奶奶过去说的不是实话，更恨奶奶。妈妈对小萌很好，告诉小萌：“你要好好学习，考上大学，妈妈砸锅卖铁也供你，你要出人头地，给你奶奶和爸爸看看！”但小萌的学习基础太差了，实在跟不上。17 岁那年的暑假，他跟妈妈商量，不想上学了，想去找在广东的舅舅打工，但妈妈觉得南方太远了，就托人在北京找了份保安的工作。

就这样，2008 年 8 月，小萌一个人来到了北京。

专家剖析

负性情绪的杀伤力

如果说奶奶对小萌的粗暴，造成了小萌的抢劫犯罪，似乎有些牵强，但他内心的愤恨、恐惧、无奈，的确是在那个漆黑的夜晚爆发了。他又一次面对一个强势的人，一个无力控制的局面。这次，他不顾一切地发泄了内心的愤怒，而这个代价是高昂的。

在预审时，他问法官被害人怎样了，才得知对方死了。“我觉得特别对不起人家，很后悔。我想过，我就应该死，才能给他家人一个交代，但想到我妈，我觉得我不能死。”小萌的心里有一份宝贵的善良，他并不想伤害别人，甚至他看起来是有些害羞的，不是一个有攻击性的孩子。

抢劫的主意是王浩出的，也是王浩先拿出刀的，但面对被害人的奋力反抗时，却是小萌刺出了致命的一刀。是当时的情境引发了小萌强烈的负性情绪，驱使小萌做出了不理性的行为。

有心理学家通过研究得出这样一个模式：当一个人在特定的情境下体验到某种

情绪时，这种情绪就会同事件一起存储在他的记忆中，而当相似情境出现时，就会引发其当时的情绪记忆，做出反应。这种反应是无意识的，但我们可以特别清楚地观察到。小萌说，在关押期间，只要静下来他脑中就回想起奶奶打骂他的情景，他“恨”奶奶，恨到想杀死奶奶，甚至用怎样的方式，他都想过……

其实，小萌的“恨”是一种对爱的呼喊。当他在说“恨”奶奶的时候，其实是在说——你为什么不“爱”我；当他说“好像我不是她亲孙子”的时候，其实是在说“我是你的亲孙子呀”，小萌内心的渴望和需求是巨大的，爱的缺失带来的伤害和愤怒也是巨大的。原本应是最亲的人，却成了最恨的人。

大量的心理研究证明，有机会表达负性情绪会对人有积极的影响。从小到大，在小萌的生活中、情感上没有一个可以倾诉的、可以依靠的、可以引导他的成人陪伴，小萌内心压抑了太多的负性情绪，堆积在一起成了深深地怨恨，而这种“恨”缠绕着小萌，使原本很聪明的小萌在学习、情感、认知等方面都没有得到正常的发展，令人深感遗憾。

但小萌的一段话也让我对他寄予希望，他说：“我出来时31岁，我还会去找我妈妈，但我不会依靠她，我要自己努力，辛辛苦苦打工赚钱……”（文/万秋实）

No.29 心灵对话:代价高昂的选择

——“从众”心理的背后

[引言]

两个正值花季的少年,曾经是一个宿舍的同学。在连续三个夜晚日益升级的施暴与受暴、施虐与受虐的“游戏”之后,前者落入法网,后者自杀未遂。

心理专家告诉我们:表面上看,这次打人对武浩来说是一次偶发事件,实际上是日积月累的对父母的愤怒、对行为的后果没有基本的判断、做事前不进行思考、不会控制自己的情绪等因素共同作用,令他追随“带头大哥”加入了打人者的行列。

非常故事

从用拳头说话到侮辱取乐

他们是一群刚刚进入职高的新生,将接受为期一周的军训。武浩(化名)和林松(化名)被分到同一个宿舍,他们两人来自北京的同一个区,而宿舍里的另外6名同学全都来自另一个区。

“我是老大,大家都得听我的。”这是宿舍里小A的势力宣言,其他同学都表示同意,只有林松例外,他倔强地要“特立独行”。按照武浩的说法是:“林松不听话,还说了不好听的话,口气挺硬的,把我们都惹恼了。”

于是,颇有“江湖”之气的小A带头动了拳头,其他人也一哄而上。武浩在打林松的过程中,有种解气的畅快,他已经憋屈了很长时间,过去一年里,来自家庭的变故和学业的下滑令他心情郁闷。在众人齐动手的局面下,武浩没有考虑任何“是与非”、“对与错”。

第二天,包括武浩在内的参与打人者都受到了班主任的警告和批评。

“林松说话不算数,他答应不告诉老师,结果却去告状了,挺气人的。”即使坐在审判庭里,即使离事件发生已经有几个月的时间,即使在看守所里已经对自己的所作所为有了反思,但说起第二次动手的原因,武浩仍然理直气壮。

那晚,几个孩子一进宿舍,小A就拿被子将林松的头捂住,招呼其他人上去爆揍这个“不听话”的室友。这一次,武浩打得有些狠了,他继续用这种方式释放着内心的苦闷与无聊。

林松又把事情告诉老师了。

这次,老师分别找武浩他们谈话,内容是:“等着吧,军训结束回校后再处理你们,要不开除,要不处分。”如果老师的严重警告起到了作用,那么事情也许就到此为止了,打人者与被打者都不会付出太大的代价。

可惜不是,事情不但没结束,反而往邪恶的路上走得更远了。

晚上,大家都睡下了。小A叫上同宿舍的武浩,硬拉着林松到了隔壁的宿舍,说是去玩牌。这牌玩得很有“创意”。参与这场游戏的,还有另外3名同学,一共6人。

小A提议,玩牌时输了的人要去舔别人的脚。一开始,游戏还算“公平”,6个人都舔过,也都被别人舔过。但接下来,游戏变了味,增加了侮辱的动作,而且只留下林松和另外一个瘦小的同学单独玩。林松不从,几个人上去拳打脚踢,直至林松开口说“我愿意玩儿”。两个人就那么“玩”着,另外4个人在旁边看着、笑着,还用手机拍了照。

连续三晚打人,武浩和其他打人者被学校开除。因为经历了那一晚的侮辱,林松感觉无地自容,他选择了自杀,幸好被及时发现,保住了生命。

随后东窗事发:小A和另外两个同学被判劳教,而武浩作为其中唯一一名超过16岁的人,将接受审判。

北京市门头沟区人民法院的许芳法官充满爱心,她在审理案件时,不仅关心被告武浩的定罪量刑,而且更加关注林松今后的人生路。“我自己也有孩子,将心比心,这个案件的被告和受害人其实都是受害者,真希望能帮助他们。”这是她在谈话中反复表露的想法。

武浩的眼睛大大的,透着一股孩子般的无辜。他说自己“点儿背”,这句北京话的意思很简单,就是“运气不好,尽遇着不好的事了”。

他的确有着可怜的际遇:两岁时,父母离婚,他一直和爷爷奶奶生活在一起,两位老人疼他、爱他。“这么说吧,就是捧在手里怕摔了,含在嘴里怕化了。”武浩如此形容爷爷奶奶对他的爱,这是一种溺爱。不管发生任何事情,爷爷奶奶都替他扛着,他似乎从没想过自己如果做错事应该怎么办。后来,父母复婚了,但两人各忙各的,没人关心武浩。武浩初三的时候,父母再次离婚,奶奶中风瘫痪在床,武浩的成绩一落千丈。原本希望考个普高将来上大学的他,最终只能选择读职业高中。

当说到爷爷奶奶时,武浩的眼中充满了泪水。他觉得自己对不起奶奶,特别担心自己的事让奶奶知道,“那会要她的命的”。但自始至终,武浩对自己的行为本身都没有太多的忏悔之意,只是对将要受到的惩罚和以后的命运感到极度的害怕和担忧。

“我的人生留下了墨点,以后出去也没学校上了,人家始终会把我看成有墨点的人,我这辈子是没指望了。”武浩哭着说。

“如果你不想以后再点儿背的话,从现在起,做好你自己,自己对自己负责,墨点要靠你自己抹去,在这一点上谁也帮不了你,要靠你自己。”我安慰他。他点着头,仿佛在思考什么。

我们的谈话临近结束时,武浩说:“从进看守所起,我只见过爸爸一面,他让我好好地,说等我回家。”说这话时,他又落泪了,但那泪水的背后,含着一丝希望。

见到林松时,他一直低着头,很受伤的样子,他形容自己“太怂了”。他不断地反问自己，是不是自己做错了，太软弱了，才会发生这样的事情。

其实事情本身并没有令他丧失生活的信心，但这件事在学校被传开，他感觉别人都在嘲笑他。“感觉活着没意思了，没什么乐趣了，真想找个地方，安静的地方，结束一切”。

和武浩不同，林松对自己有很高的要求。他爱看书、爱思考、爱写作。虽然由于中考失利进了职高，但他给自己制订了规划：好好学习，考大学，将来找个好工作，实现人生理想。因此，他在进入职高前就下定决心“不和那些人为伍，一心学自己的”。于是便出现了他坚决不从的状况，至今他也不后悔“不从”的选择。

“但现在一切都完了，我的计划无法实现了。”虽然，林松恨那几个打他、侮辱他的同学，但更恨那些传播消息的人。他也怀疑自己“将被打的事情告诉老师正确吗？”“我是不是进行了彻底的反抗？”“我当时是不是应该把那几个人都杀了？”在这一个又一个的疑问之后，是他对自己的否认和对学校、老师、同学、父母的绝望。所有这些，都让林松感到“无望”，而“无望感”是企图自杀者和自杀者的一个基本心态。

事发后，林松不允许父母向学校和公安机关问及自己自杀的原因，更不让父母打听自己是如何被侮辱了，他只对妈妈说了一句：“妈妈，我对不起你，你儿子太怂了。”此后，他扔掉了喜爱的画夹，删除了以往写的文章，放弃了去日本学动漫的梦想，将自己紧紧地关闭在家里。

对青少年来说，父母无法选择，际遇无法改变，但看待事情的角度和态度由自己掌握，它是决定行为的关键。

对父母来说，感情的破裂导致婚姻的破裂，这也许无可谴责，但孩子是无辜的，他们需要父亲、需要母亲，任何人也无法替代。缺少来自父母双亲的爱，几乎必将给孩子造成心理创伤。

对老师来说，简单地处理学生之间的纠纷也许很容易，但祸根或许就此深埋。在这个故事中，我们仔细思考的话，如果说这个事件可以避免，老师和校方应该可以起到这个作用。

专家剖析

不同行为模式的心理背景

从行为模式上来说,青少年在面对外界的压力时,容易走两个极端:一端是从众、寻求归宿感,跟着大多数人走,对自己的行为较少考虑承担责任;另一端是独行、坚持自己的想法,即使受到排挤也要我行我素。武浩选择了前者,成为施害方,林松选择了后者,成为受害方,他们都为自己的选择付出了巨大的代价。

从心理成因上来说,从众者多半是外归因型,即把自己的行为和行为的结果归结为外部的原因,容易形成冲动、不计后果的性格,他们会把自己的失败或错误解释为“运气不好”、“都是别人让我这么做的”;独行者多半是内归因型,内归因型的人在遇到挫折和打击时,会不断地审视自己,认为是自己做得不够好,他们容易陷入自责和抑郁的情绪中。

武浩是外归因型的人,他把自己打人的原因解释成“因为点儿背,心情不好”、“因为林松说话挺气人的,打他能解气”、“因为带头的那么干,自己就跟着做了”。他在打人的时候,根本没有想到被打者的痛苦和打人可能造成的严重后果。这和他的成长环境有关,爷爷奶奶的过分保护使他没有学会为自己的行为负责,同时父母角色的共同缺失,使他甚至比单亲家庭的孩子更感受不到正常的父爱和母爱。一方面是受到溺爱,另一方面是得不到普通孩子都有的正常的爱,造成了武浩幼稚而压抑的心理特征。

表面上看这次打人对武浩是一次偶然事件,实际上是他日积月累的对父母的愤怒、对行为的后果没有基本的判断、做事前不进行思考、不会控制自己的情绪等因素共同作用,令武浩无法抵制来自带头“大哥”的诱惑,因所谓的“一念之差”加入了打人者的行列。

对青少年而言，外归因型的人在遇到困难和打击时，一旦有他人怂恿，就非常容易犯错误，做出违反社会规则的行为，而且事后会为自己的行为做种种“不得已”的辩护。武浩的反应充分地说明了这一点。尽管他嘴里说着自己“错了”，但那只是他在法院这个特殊环境下的应对之词，在他的内心并没有真的知道自己错在哪里，可以说，如果没有法律的制裁，在打人事件过去之后，他是不会主动去反思自己的行为和行为后果的。

林松是内归因型的人。他受到了明显不公平的遭遇，即使在这么极端的、明显错在他人的事件之后，他也只是认为这些人“可恨”，竟然还是要问自己是不是反抗得不够。按照正常反应来说，他应该愤怒，但他是抑郁、是轻生。他想的不是报复、破坏，而是结束自己年轻的生命。

内归因型的人常常有非常严格的是非标准和价值观，他们善于思考、谨小慎微，凡事三思而后行。林松就是这样的人。在是否告诉老师的事情上，他是经过反复思考和比较的。第一晚被打之后，他就想：“我有三条路可走，第一条路是顺从他们，这我坚决不干；第二条路是打败他们，这我做不到。那我只有第三条路，告诉老师，让老师来处理。”其实，他选择了一条最理性的路，可惜没有解决问题。

内归因型的人会因为过分强调自我的作用而活得无法轻松。在整个事件过程中，林松都没有错。他完全可以理直气壮地面对同学、面对他人，因为他做了自己应该做的一切，结果不是他能控制的。然而，他却感到羞愧、感到没脸见人，就因为怎么也无法摆脱自己是个“怂人”的想法。是这种想法让他轻生，而不是在事件中身体和心灵所受到的伤害。

从心理学上来说，纯粹的外归因型和内归因型都会带来问题。家长和老师要学会区分孩子的归因倾向，使他们能将外归因和内归因相结合，不走极端，既对自己有要求，又不会过分追求完美，达到自我与命运、环境的和谐。

无论是外归因型，还是内归因型，受到伤害的孩子需要爱，爱才是真正的良药。林松如此，武浩亦如此。（文/陈华）

本案主审法官手记

按照未成年人案件的审理程序,在开庭前我要与未成年被告人及他的法定代理人谈话,目的是了解被告人的成长经历、家庭环境、性格特点等。

在与武浩的谈话中我得知,在父母离婚后,集爷爷奶奶万千宠爱于一身的武浩,从来不知道什么是“责任”,什么是“后果”。武浩的爸爸反复表示,孩子今天的错,他有不可推卸的责任,希望法庭能够给他一次机会,毕竟他还是个孩子。通过与武浩及他父亲的交谈,通过交谈中武浩几度红着眼眶的陈述,通过武浩真诚地表示“最希望林松能够健健康康的、快快乐乐生活”的愿望,我判定武浩只是个被家长“惯坏”的孩子,正确引导他的价值取向,树立起正确的人生观,他还是个好孩子!

与此同时,另一个念头在我脑海中一闪而过,林松怎么办?法律规定了对未成年被告人要本着“教育、感化、挽救”的刑事办案原则,法律明确规定对未成年被告人要依法从轻、减轻处罚,但是却没有规定在保护未成年被告人的同时,要加大对未成年被害人的保护力度……凭直觉,我认为林松在此次事件中受到的伤害更大!

打通林松家长的电话,我听到了从心底里散发出来的恨意,林松的妈妈几次在电话中因哭泣而不语,她说她的心在流血。原来,林松现在把自己完全封闭起来,足不出户,不与任何人说话,包括他的爸爸妈妈,他已经不相信任何人了。所以,林松的妈妈因此对武浩恨之入骨,强烈要求重判武浩。

我把林松的妈妈约到了法院,在谈话中告知其法律对于寻衅滋事罪的规定,法律对审理未成年被告人案件的规定。同时,我把武浩希望林松能够健康、快乐的生活作为希望的想法也明确告知林松的妈妈,此时,我看到了她眼中的泪光。

为林松联系上心理专家时,我长出了一口气。虽然这是我的“额外”工作,但是我乐此不疲。因为我希望能够在充分保护未成年被告人的同时,也保护了未成年被害人的合法权益;我希望通过大家的努力让林松感觉到,在这个世界上大家是互相帮助的,人是可以信任的。

与此同时,我也与武浩的父亲取得联系,为林松争取了一万元的赔偿。

经过心理专家的疏导,林松的情绪大有好转。林松的妈妈不但不再以侮辱罪起诉武浩,而且谅解了与儿子同岁的武浩。

武浩被判处有期徒刑一年,缓刑一年。宣判后,武浩及其家长均表示服判,不上诉。在法庭教育阶段,我由衷地对武浩说:"作为一个人,特别是一个男人,要有承担责任的意识与勇气。每个人都可能犯错,但不是每种错误都可以原谅,犯错就要为此付出代价,法庭对你进行定罪量刑就是你要付出的代价,就是你在为你的行为承担责任的一种方式……"

第六编

问题青年

任何成年人的犯罪行为，根源都在童年。

他们的行为如同一面镜子，可以映照出每个人身上的问题。

No.30 心灵对话：被一个电话改变的人生

——让孩子学会“对行为负责”

［引言］

一个26岁的青年，在20天内走过了一段非同寻常的人生旅途。在关键时刻，他做出了一个错误的选择。

心理专家告诉我们：被禁锢的情感，没有语言的交流，没有处理问题的智慧，发生了任何事情就是打和被打。对于一个20多岁的青年来说，血气方刚本是他们的特点，但长期的压抑使他们没有宣泄的途径，所以许强的冲动行为就来源于这种原始的压抑。

非常故事

一个电话改变一生

“被告人许强（化名），你对你犯的罪行还有什么要申辩的吗？”当法官最后一次询问时，这个老实巴交的农民低下了头：“没有了。”他的声音里抖动出的沧桑和无奈，感染了旁听席上的人们。每个人都不由得把疑惑的目光投向了这位26岁的小伙子。他来自甘肃农村，一副淳朴、憨厚的模样，令人无法把他与一个犯有抢夺罪的罪犯叠加在一起。

法庭当庭宣判:被告人许强犯抢夺罪,判处有期徒刑8个月,并处罚金2000元。随着法槌落下,许强开始了他的另一种人生。

宣判之后,我和许强有了近距离的接触。坐在我对面的他,个头不高,但很结实,脸上的红血丝让他的脸色黑里透着紫红,眼神中充满了无助和恐惧。这样一个人,确实无法和罪犯联系到一起,因为在他的神态中找不到一丝凶残的痕迹,倒是更容易让我联想到在西北宽阔的田野上辛勤耕种的庄稼汉。

许强神情落寞地低着头,说话很胆怯,我能感觉到他在极力地配合我,就像在法庭上配合法官一样。我知道他还处在高度的应激状态,麻木的表情中却掩饰不住那份悲伤和恐惧。他的肢体也是僵硬的状态,表达着他内心里那份紧张和冲突。

我很希望他能稍稍放松一下,就把身子向前倾斜了一些,用亲切的语气说:“从法官那里稍稍了解了你的一些情况,也很希望能够帮到你,你愿意告诉我更多的事情吗?”听我这么说,许强眼神中掠过一丝光亮,看得出来,他很渴望得到帮助,于是很老实、很坦白地向我讲述起他的一段不寻常的经历。

2008年12月的一天,在家务农的许强接到了同乡马军(化名)的电话,说自己在外面找到了一份很好的工作,收入很高,可以介绍他一起做,并且还可以给他介绍一个对象。26岁的许强从来没有走出过自己出生的闭塞的小村庄,听了老乡的话,他动心了。出去见见世面一直是他的一个心愿,而且在农村,他的同龄人大多早已娶妻生子,挑起家庭重担了,像他这个年龄还没成家的已经稀有。作为家里唯一的男孩儿,他怎能不着急找个媳妇,生个娃,让父母早点抱上孙子呢?于是,他瞒着父母,心里充满着美好期待,踏上了去东北的旅途……

在许强看来,马军是一个见过世面的人,他能给自己找工作,并给自己介绍对象,在许强的心目中,马军简直就是自己的恩人了。下了火车以后,对马军充满感激的许强不顾旅途劳顿,连问都没问一声,就跟着马军来到葫芦岛市郊区的一所居民出租房里。他被带到一间大课堂上,一个戴眼镜的中年男子慷慨激昂的演讲令在场的很多人为之动容,认为找到了一条发财之道,纷纷把带来的钱拿出来加入到这个组织中。

这不是电视上讲的非法传销吗?这可是违法的事啊!想到这里,许强出了一身冷汗。他虽然是第一次出远门,但毕竟是黄土高坡养育的西北汉子,有着一股倔强劲儿。于是,许强找到马军并揪住他,说:"你为啥要骗我?"这时,只见一帮人围了上来,其中一个说:"你要是敢闹事,就揍扁你!"见对方人多势众,许强被吓住了。但他抱定了一个主意,一定得找机会逃出来。

接下来的日子里,他们这些被骗的人就像在监狱里一样失去了自由。每天被安排去听课,然后给亲友和熟人打电话,以骗来更多的人。他们每天睡在冰冷的地上,只能吃到白菜和萝卜等简单的饭菜。对一个农民来说,吃苦不是问题,令许强无法忍受的是每天在监视和强迫下生活。背井离乡,长途跋涉,没挣到钱不说,回去该怎么向父母交代呢?

经过20多天的煎熬,他终于寻机逃出来了!当时,他既紧张又欣喜,一口气跑到火车站,但身上的钱已经所剩无几,根本不够回家的路费。他只得用仅有的钱买了一张到北京的火车票,便慌慌张张地坐上了这趟列车。

终于脱离虎口的许强,回想起那20多天非人的日子,从未有过的委屈、失落、无助和对父母的歉疚感一阵阵袭来,他痛恨自己太窝囊。到达北京以后,已经身无分文的许强面临的最大困难就是该怎么回家。他几次想给家里打电话,但每次拿起电话都难以启齿,因为他出门的时候已经拿了家里很多钱,他实在没勇气再向父母开口要钱了。他只好在火车站忍饥挨饿地晃悠了两天,近乎崩溃的他终于支持不住了,他来到售票大厅挤过熙熙攘攘的人群,他的目光落在了一位正在掏钱买票的旅客手上,这时,他快步上前,抢夺了那位旅客的钱包就跑。然而,还没逃窜多远,他就被警方抓获归案。

专家剖析

行为背后的动机

许强费了很大劲儿讲述了这段经历,他语言表达能力很差,反应也很迟钝,很多话想说却难以说出口,时常紧张得头上冒汗,带着手铐的双手也不停地搓来搓去。和他谈话的一个多小时的时间里,我专注地倾听,耐心地询问,尽我的所能和他共情,因为我知道此时他最需要的就是理解和支持。

也许是这短暂的陪伴对于情感缺失的许强来说起了作用,他慢慢地开始放松下来,脸上的表情也丰富了许多。谈到父母替他交罚金时,许强克制不住自己,失声痛哭起来,哽咽着说:“我对不起我父母,对不起妹妹,我是个没用的人。”这声音中饱含着委屈、心酸和懊悔,也带出了体内压抑许久的负性能量。

许强说:“我当时抢钱的一刹那,脑子里一片空白。当时只有一个念头——有钱就能买车票回家,有钱就能买东西吃。至于后果已经顾不上考虑了。”这话看似荒唐,却是许强内心的真实独白。

从心理学的角度来说,任何一个行为的背后都有一个内在需要所支持。许强在不到一个月的时间里经历了从良民到罪犯的过程,虽然26岁的他已是成年男人的角色,但显然他没有任何的社会经验,也就是社会化程度很低。这些经历对他来说是个很大的创伤,对于只有初中文化、没有任何社会支持的他来说是难以理解和承受的。大西北农村特有的保守文化强烈地压抑着这块偏远土地上的人们,使他们变得木讷和无知,加上他们本质的朴实和善良,使他们的性格被烙上了明显的地域特征。

许强的父母都是朴实本分的农民,父亲平时除了干活很少说话,表达愤怒的方式就是生闷气,惹急了就是拳脚相加。在这种社会和家庭背景下成长起来的许强,加上父亲人格特质潜移默化的影响,形成了他内向的性格。由于不善言谈,他没有朋友,内心很孤独。

父母对许强的期望并不高,就是盼望着儿子能早点结婚生子,传宗接代。2007年,好不容易经人介绍许强认识了一个姑娘,并且很快订了婚,没想到那姑娘不尊重许强的父母,激惹得许强暴怒,动手打了她,姑娘因此提出分手。这对许强来说是一个强大的刺激,自己已经二十五六了,却还是光棍一条,父母是又着急又无奈。村里人的指指点点也让他抬不起头,内心的压抑积蓄成了强烈的心理冲突,想摆脱却没有合适的出口。

被禁锢的情感,没有语言的交流,没有处理问题的智慧,发生了任何事情就是打和被打。对于一个20多岁的青年来说,血气方刚本是他们的特点,但长期的压抑使他们没有宣泄的途径,所以许强的冲动行为就来源于这种原始的压抑。

正是因为许强对父母强烈的内疚感和极力想摆脱现状的动机,导致他轻信了马军;而对外面复杂世界的无知,又导致了他的单纯和愚昧。当他为之付出代价的时候,无形中更增加了自我否定感,使他为此痛苦。另外,他除了父母没有任何的资源可以求助,但求助父母对许强来说已经是很难以做到的了,他认为欠父母的太多了,这一方面说明他的孝顺,另一方面让我们看到他能力的缺陷。当一个人在生活中缺少能力的时候,是承担不了任何责任的,可谓"心有余而力不足"。这对一个有着基本善良且懂得孝道却又觉醒能力不足的人来说,除了增加内在的心理冲突,没有别的。

对许强来说,他的可贵之处在于他的正直和善良,正是这种品质让他不愿意参加非法组织,也正是这种信念让他有力量克服了重重困难,最终摆脱了那个非人的环境。但由于无知,他不懂得求助法律,不懂得自我保护,碰到危机时自己硬扛着,最终到了即将崩溃的边缘。人的资源越多,内心的安全感就越强;资源越少的人,就越容易把自己逼上绝路。就像许强,当他连续两天不吃不睡,身心已经疲惫至极、饥饿难奈的时候,强烈的生存动机让他不顾一切,铤而走险。

人的心理分为三个层面:本我、自我和超我。"本我"体现的是人的最本质的需要，它遵循的是快乐原则，所以每个行为都可以得到一个心理的解释。而“超我”属于心理最高的境界，它的实现是需要以压抑人的某些本能需要为代价的。从社会的层面上来讲，它的意义更大，能够体现一个国家的文明程度和社会秩序。人是需要经过社会化的，这样才能很好地适应社会。“自我”的功能，就是调节“本我”和“超我”之间的冲突，达到一个平衡，让人们既能体验快乐，又能有所节制。所谓道德法律也是用来约束人的逾越行为，限制那些伤害他人、伤害社会的行为方式，从而保证社会的安定，促进和谐，维护社会良好秩序的。所以说犯罪的人，一定是“自我”功能有缺失的，就像许强的案例所呈现的那样。

一念之差，酿成苦果，许强要学习的不仅仅是品尝这苦果的滋味，掂量自己所付出的代价的分量，更多的是要在这种体验中得到成长，勇敢地面对现实，学会为自己的行为负责，也为他人负责。许强面临着这些挑战，也需要更多人的帮助。如果在他服刑期间能继续得到心理的援助，他是有力量走出心理阴影的。就像谈话结束时他说的话：“我感谢这么多帮助我的人，我一定好好反思，好好改造，出来后我一定做一个对社会有用的人。”（文/张雅萱）

No.31 心灵对话:抑郁的“施害方”

——人生需要“外力资源”

［引言］

他原本是一起打斗案件中的施害方,却不幸成为精神上的“受害方”。三年未结的官司,让他心力交瘁,无法自拔。

心理专家告诉我们:他缺乏面对问题的从容心态和处理复杂问题的应变能力,同时也没有任何可以借助的外力资源,于是就沦落到既无“内力”又无“外援”的可悲境地。一个而立之年的男子表现出的极不成熟的人格特点,是因为他在成长过程中缺少的最重要的一课。

非常故事

“有祸躲不过”的宿命

晓兵(化名)是一名工程师,如果不是在法院这样一个特殊的环境里见到他,我很难把他同故意伤害案的被告身份联系在一起。

30岁的晓兵,中等个,体型稍胖,一副老实憨厚的模样,尤其是架在鼻梁上的那副眼镜更是让他透着十足的书生气。很难想象这样一个整天与图纸打交道的知识分子,怎么会一夜之间变成“故意伤害案”的被告?

故事还得从三年前说起。

一天晚饭后，晓兵到同事的宿舍里与工友们一起边聊天边看电视，因为他们的工作地点大都在郊外，工人的业余生活是单调而枯燥的。看看电视、打打牌、吹吹牛之类的方式成为工友们祛除辛苦劳顿、排遣寂寞无聊的主要休闲方式。

正在晓兵东南西北的高谈阔论之时，突然，一名叫杨彪（化名）的工友冲晓兵大吼起来，说是晓兵聊天影响他看电视了。为了息事宁人，晓兵没回应，只是尴尬地看着电视。可是杨彪却不依不饶，没完没了地骂骂咧咧，像是故意找茬儿。终于晓兵被激怒了。两人之间由口角之争迅速升级为大打出手，结果是两败俱伤。

有人说，人生的路很漫长，但关键处往往只有几步。晓兵的经历再次为这句话添加了新的脚注。在血气方刚的男青年当中，发生点摩擦甚至肢体冲突也是司空见惯的事，可是对于晓兵而言，这场看似平常的干戈，却把他拖进了一个苦难的深渊，他从此像是一个掉进沼泽地的人越是想挣脱就越是难以自拔。

一场民事纠纷何以演变成“故意伤害案”，又为什么历经千日却难以收场呢？晓兵说：“这件事拖了三年了，一直没有个了断，杨彪那个流氓到处告状，说我把他的腿打断了，非要把一个民事案子变成刑事案子，却又拒绝做伤残鉴定，弄得法院非常难办。无奈之下我办了取保候审，你可知道我有多冤啊！”说到这，晓兵带着哭腔，感觉他想呐喊又不能大声，只能发出这种悲怆而又压抑的声音，恰恰像他的情绪一样，想迸发却被一个盖子压着，憋得他简直要发疯了。

他继续说：“办完取保候审那天，在回家的火车上，我把自己关在卫生间里，想割腕自杀，血流了一地，被人及时发现后送到医院才没死成。从那天起我就整天变得恍恍惚惚的，每天睡不着还早醒，有时睡觉得靠吃安定。从那次自杀后，我母亲就把家里的药全都藏起来了，生怕我再出事。后来去医院医生说我得了抑郁症，还吃了一段时间治抑郁症的药。”

晓兵的叙述几乎不间断，一口气从事件发生的起因，到杨彪如何四处告状，不肯放过他；从法院多么无奈到前面的律师光收钱不办事；从父母的唉声叹气，到单位同事的闲言碎语……他时而悲愤,时而伤感,时而痛哭流涕,时而捶胸顿足,像一个情绪的气团,整个下午都弥漫在谈话氛围当中,难以散开,似乎要把我也带进他那痛苦的旋涡。

专家剖析

从“施害方”到“受害方”的魔咒解读

在和晓兵谈话的两个多小时的时间里,我深深地感受到了晓兵的压抑和无助甚至是绝望。同样一个压力,对于心理支撑力不同的人而言,造成的结果也大相径庭。内心成熟而坚强的人面对艰难困苦,能够举重若轻;反之内心幼稚而脆弱的人面对小灾小难也如同五雷轰顶。晓兵的表现即为后者。

那么到底是谁改变了晓兵的人生方向?是命运吗?是他所说的那个“流氓”吗?为什么在晓兵的心里如此恐惧、如此担心?也许从他成长经历中能找到一些答案。

晓兵出生在一个普通的工人家庭,父母都是朴实的工人,收入不高。一家三口三十多年来一直租住在母亲单位的平房里,日子过得清苦而平静。

对晓兵来说生活的艰辛让他有了改变命运的愿望,他知道自己的唯一出路就是靠自己努力。他希望通过努力学习和工作改变命运,回报父母。为了心中的理想,中专毕业后的晓兵也吃过一些苦,为了好好表现和节省开支,晓兵曾在一个荒郊野外的工地上一待就是好几个月不回家。很多年轻人都坚持不下来,他硬是咬着牙坚持了下来。

由于他的勤奋和努力,渐渐赢得了单位的认可和领导的肯定,并被派出去学习进修,终于他顺利通过了工程师职称考评。这些对晓兵来说,来之不易。

正当他踌躇满志地在工程师的岗位上大展宏图的时候,却因为这次和杨彪的冲突而即将断送自己的前程。因为一旦被判刑,他就将失去这份工作。这对晓兵来说无疑是“灭顶之灾”。

当眼看着自己这么多年的努力即将付诸东流，晓兵几乎崩溃。于是他愤怒，他恐惧，他希望苍天能帮他挽留住已经拥有的一切！可命运之神似乎并未特别关照他，法院因为种种因素至今也无法得出一个明确的结论，用他的话说就是“遭遇了杨彪这么一个无赖，真是倒霉，他不依不饶，非要置我于死地而后快”。

可见，在晓兵的心里已经认定了只要杨彪不放过自己，自己就死定了。其实正是这种认知导致他感觉到自己走投无路了。并使他轻易地把自己的命运交给了别人，而放弃了与困难抗争的主观能动性。

有研究表明，当一个人非常在乎结果的时候，行为举止就会变得谨小慎微，心灵负荷就会很重，活得会很累。晓兵的表现正是如此。他担心这次变故给他带来厄运，他害怕失去工作，惧怕名誉受损，所以他无法以一个客观的心态来看眼前发生的一切，也无法从容面对严峻的现实，而是消极地选择了逃避，很快他发现一味地逃避并不能获得解脱和轻松，不但于事无补，反而增添了许多新的麻烦和痛苦，最后，当他感到连逃避的空间也逐渐变窄，甚至到了“后有追兵，前有悬崖”的绝境，于是他便无可选择地“选择”了自杀。这是他的思维方式的必然结局。

虽然晓兵的生理年龄已到而立之年，但他的心理年龄却要稚嫩许多，本该由他担当的家庭责任与社会责任，他却不具备这种担当的能力，于是疼爱他的父母理所当然地替他承载了生命难以承受之重。

然而，晓兵的父母最终还是被这份重担压垮了。他们除了无助就是无奈，甚至绝望。这种无助与无奈表现在父母身上，就是这样的镜头：父亲整天闷着头抽烟，母亲提心吊胆地把家里的药全部藏起来，深怕晓兵再次想不开。原本就身患糖尿病多年的母亲更加心力交瘁，体重只剩下 80 斤了。

看着日渐憔悴的父母，晓兵的心里更不是滋味。而他缺乏的恰恰是面对问题的从容心态和处理复杂问题的应变能力，同时他没有任何的可以被他借助的外力资源，于是就沦落到既无“内力”又无“外援”的可悲境地。而立之年的晓兵在这个时候表现出了他极不成熟的人格特点,这些正是他在成长过程中缺少的最重要的一课。所以他只能在这些重重的压力下窒息,让自己走向崩溃和绝望。

三年的心力消耗,已经让晓兵得了严重的抑郁症。他说:“对我来说,活着已经没什么意义了,现在唯一让我放不下的就是父母,尤其是母亲。每当我想轻生的时候,看到母亲在家门口翘首期盼的样子,我就痛心不已,我要是死了,我母亲该怎么办?”说到这里他号啕大哭起来。

晓兵太需要帮助了,他需要得到法官公正的判决,需要得到律师的大力支持,也急需心理上的援助,他把这些都叫做“救命稻草”,这也是他目前唯一可以期盼的资源。在我和他谈话的尾声,他要了笔和纸,说是要把对他有帮助的话记下来回去认真思考。他说对他触动最大的就是和他讨论的有关如何活在现今社会的话题。

他嘴里不断地在念叨:“就是说,我现在到了哪一步就说哪一步的话。我现在是工程师就说工程师的话,我现在没工作了就说没工作的话,是这样的吧?”他还记下了我的邮箱,说以后遇到问题就发邮件给我。对于这样一个濒临绝望的苦寻“救命稻草”的人来说,最后的某根救命稻草是至关重要的,既可能救之,也可能毁之。

走出法院的大门,我的心情沉重而复杂。这种感受中,理解也许多于同情。我在想,一个勤奋的年轻人,对生活享有的那份美好憧憬,却被一场马拉松似的官司拖累到如此境地。当初,在与杨彪的纠纷中,晓兵无疑是个受害者,加害者应当是杨彪;后来在与命运的博弈中,晓兵依然是个受害者,而后者的加害人其实是他自己。因为是他本人顺势把自己放在了一个受害者的位置,这是他完全没有意识到的。

受害者的角色其最大的获益就是可以理直气壮地把自己所有的遭遇一干二净地推给他人,推给命运,这是推卸责任最好的方式。所以受害者除了可怜也必然有其可恨之处。试想当一个人都不愿意为自己的人生负责了,还能指望他对谁负责呢?

有人说:当我们无法改变现实时,我们还可以改变态度。如果人生遭遇了进退两难的境地，选择退缩是绝对失败，而选择前进的话，起码会有一半是成功的希望，也许会绝处逢生而到达“柳暗花明又一村”的新境地。希望今天的谈话能带给晓兵一些这样的理念和启示。

令人欣慰的是，晓兵也愿意去尝试接纳命运的挑战。期待着在“自救”与“他救”的合力作用下，晓兵能尽快走出心理阴影，重启人生新篇章。（文/张雅萱）

No.32 心灵对话:从研究生到抢劫犯

——警惕自己的心魔

[引言]

在宿舍里被警察拘捕时,他依然处于醉酒状态。这名口齿伶俐、思维清晰、阳光俊朗的青年,在说到抢劫的情形时,神情颇有些恍惚。

心理专家告诉我们:一个人在喝醉酒尤其是深度醉酒以后,潜意识浮出水面,心魔就开始改变、肆虐、吞噬、摧毁一个人。人们经常说的"酒后吐真言"、"撒酒疯"、"酒后乱性",讲的就是这个道理。而对于那些真正内心平和的人来说,醉酒的表现至多就是倒床便睡,或者变成话痨外加手舞足蹈而已。

非常故事

深度醉酒后的抢劫

"那一刻,我感觉就像魔鬼附身一样,邪了。我到现在都不知道当时怎么就做出那样的事情了。那时的我,是另外一个我自己都不认识的人。"朱光(化名)在说到抢劫的情形时,神情颇有些恍惚。这位口齿伶俐、思维清晰、阳光俊朗的研究生,在庭审室里与我进行着"心灵的对话"。

朱光在宿舍里被警察拘捕时,依然处于醉酒状态。他甚至不清楚发生了什么事情,就被带到了派出所。等他酒醒之后,凭着依稀的记忆,他很快承认自己对一个年轻姑娘实施抢劫的事实。

他抢劫的金额为700元,而那天他身上带着1500元的现金,根本不差钱。他为什么要去抢劫他根本不需要的700元钱呢?到底是什么原因促使一个受到良好的高等教育、性格开朗的研究生犯下最低3年刑期的抢劫罪呢?

在朱光的讲述中我了解到,几个月前,他就读研究生的大学分校派他到北京本部来做课题。“做课题很累,压力也很大。”出事的那天晚上,朱光和几个从外地来北京的同学一起吃晚饭,用他的话说“可能是开心的缘故,也可能是好久都没放松的缘故”,他喝了六七瓶啤酒,这对于酒量很小的他来说,算是“喝多了”,甚至是“醉了”。

晚饭结束后,朱光打车将同学们先后送到目的地后才回学校。在快到学校的过街天桥附近下了车,“不知道为什么,下车后,风一吹,我突然感到特别的头晕目眩”,朱光说,他上了天桥后,看到一个女孩站在那里,突然有了要欺负她一下的冲动。之后发生的事他就记不太清楚了。只记得女孩开口说的第一句话是:“你不要伤害我。你要什么我都给你。”这句话反而让朱光很生气,“因为我并不想伤害她呀,她那意思,好像我要占她便宜似的。我是这样的人吗?不可能啊!所以我就跟她说‘那你把钱都给我’。”女孩很痛快地就把钱包给了朱光,见朱光走远,赶紧报了警。之后,还未从酒精的麻醉中清醒过来的朱光就被警察带走了。

事情如此简单,而朱光的人生却从此要拐一个弯,而且是一个大弯!事情发生后,校方为朱光出具了一个证明,我见到了这份盖着学校公章的证明信。证明中陈述,朱光平日是个好学上进的好学生,没有任何不良记录,正在为自己的硕士论文进行烦琐的数据收集和整理的工作,而且其所做的工作是一项重要课题的重要组成部分,因此,校方希望法院在量刑上能考虑轻判。

可以肯定的是,如果没有喝醉酒,朱光不可能干出这样的事。但真的只是酒惹的祸吗?朱光说,他在看守所里对自己的人生进行了彻底的反思:“我之所以做出这件事,有两个原因。一是压力,以前读书都很轻松,很容易就过关,但这次做课题我心里有非常大的压力;二是我骨子里是很淘气的人,老师、家长看到的都是我乖和听话的一面,其实我从小就很顽皮,也时常犯些小错误。只是这一次,我的错犯大了。”朱光认为自己没有心理问题,他说他接受惩罚,也不会因此而绝望。“我只是可能要换一种方式走后面的人生。不犯这个错,凭我跟导师的良好关系,毕业后他会给我介绍个好工作,挣的钱不会少;犯了这个错,可能不行了,也许将来就自己创业吧。”

专家剖析

心魔隐匿,人须戒之

用心理学的语言来说,每个人的行为都是由意识和潜意识两部分决定的。在潜意识的部分,有很多自己不知道的“恶”,被压抑在意识层面之下,一般情况下很难显现出来,但在意识的监督机制缺失的时候,就会在瞬间爆发出来。最常见到的就是喝醉酒,在喝醉酒的情况下,人就失去了控制力,潜意识里的魔鬼就跑了出来,开朗乐观的人可能嚎啕大哭,唯唯诺诺的人可能脾气大发,温文尔雅的人可能行为丑陋……当被心魔控制的时候,人就不是正常的人了。

朱光的心中就藏着这样一个“魔鬼”。他对自己的剖析只是浅层面的,他列举的原因都只是诱因。喝醉酒是直接诱因,个性中的瑕疵是间接诱因,真正的原因是他的心魔,这个心魔的存在,决定了朱光当下的犯罪行为。即使没有这次抢劫行为,只要他始终没有意识到自己潜意识里的魔鬼,只要这个心魔一直藏匿在他的心中,就总会有某个合适的事件、合适的时机,让他做出偏离常轨的事情。

在朱光的内心深处,有这样一个声音:“我应该,而且肯定会过轻松、有钱的生活。”这个声音是如此强大,以至于在声称对自己的一生进行了彻底的反思之后,他依然言之确凿地说:“我绝对不会过得太差。如果毕业后让我像其他那些大学生、研究生一样,一个月拿着2000多块钱的工资,还累死累活的,我就不干。怎么可能挣那么点儿钱呢？不可能。以后我出去，只要努力，肯定能挣很多钱。”我反问他：“那你靠什么挣大钱呢？”他毫不退让地回答道：“反正没有问题。”就像他从小就没有特别有计划地、刻苦地学习过一样，他也完全没有对挣大钱这件事有什么切实的规划和行动。他只是坚定地认为，他不可能过得差。有些讽刺意味的是，正是这样的想法，让朱光即使犯罪之后也带着美好的憧憬，而且直接影响到他的性格，使他成为一个开朗乐观的人。

朱光来自一个普通的工人家庭，家里的经济条件一直不算太好。为了改善家境，他的父母和姐姐都到韩国打工去了。朱光只说父母在韩国特别累、很不容易，也挣不了很多钱。他很孝顺，很希望自己将来能挣很多钱，让父母过上很好的生活。于是，贪念、妄念和执念在他的心中慢慢滋生，这些心魔慢慢地附着在他的灵魂里。一方面是坚信自己会出人头地，另一方面是读研中遇到的困难、现实中依然不尽如人意的经济状况，朱光心中那个轻轻松松过好生活的人生远景迟迟不能出现。在那样一个特殊的夜晚，朱光的心魔借着醉酒后的意识丧失状态而显现了，它牵引着朱光去寻找一个弱者来发泄，引导着朱光莫名其妙地抢了钱。表面上来看，抢钱不是他的目的，但对钱的贪欲和执著使他的犯罪最后聚集在了钱上。

一个人在喝醉酒尤其是深度醉酒以后，意识退居其后、潜意识浮出水面，这时，心魔就开始改变、肆虐、吞噬、摧毁一个人。人们经常说的“酒后吐真言”、“撒酒疯”、“酒后乱性”，讲的就是这个道理。要想真正了解一个人的多面性，看他酒后的表现是一个很好的途径。在心理咨询和心理治疗中，则是采用分析梦、催眠、自由联想、投射测验等方式来进入人的潜意识中。有的人喝醉酒后，经常会使用暴力，而且是对自己的亲人，包括孩子拳脚相加，这种人往往内心积压了很多潜在的压力和痛苦，平时没有地方去释放，醉酒后则通过暴力进行发泄；有的人在酒后实施自杀，酒精让这些人有了结束自己生命的勇气。酒后自杀者和酒后暴力者的表现形式相反，但实质则相似，前者以对他人的暴力来得到平衡，后者以对自己的暴力来寻求解脱。还有很多酒后的表现，如性压抑、性变态者在酒后成为色情狂人，怀才不遇、时运不济、怨天尤人者在酒后或哭泣或骂人,林林总总,但不外乎都是展现了一个潜意识状态下的自我,使压抑的欲望以直接或间接的方式得到满足。而对于那些真正内心平和的人来说,醉酒的表现至多就是倒床便睡,或者变成话痨外加手舞足蹈而已。

所谓心魔,就是潜意识中的另一个自我。我们每个人都要警惕自己的心魔,去除心魔的最好办法是要找到心魔,找到它、警惕它、消除它。爱情、金钱、名誉、地位,这些最容易引发心魔的东西,我们都要警惕。

借用佛教的训诫,戒除心魔,就是要“戒贪戒嗔戒痴”。而戒除的前提则是,一个人要知道自己贪什么、嗔什么、痴什么。当一个人能够挖掘出潜意识中的另一个自我时,他离心理健康的状态也就近了一大步。(文/陈华)

No.33 心灵对话：被焚烧的梦想

——成长中的“模仿”与“认同”

［引言］

这个因情而犯罪的男人，在法庭上面对媒体长枪短炮的拍摄与追问，显得惊恐无措。

心理专家告诉我们：人的心理发展是我们在成长过程中通过不断的模仿和认同，逐渐形成自我意识并发展形成独立的自我而获得心灵成长的过程。在家庭中，父母往往是孩子模仿和认同的榜样，所以父母的人格特点、价值观及行为方式，都能最直接地影响孩子，并通过认同成为他们人格的一部分。

非常故事

一个男人的执著追求

见到于海（化名）之前，北京市东城区人民法院刑庭的法官告诉我，他的情绪非常激动，一直稳定不下来。

在一个大法庭里坐定，我见到了于海。他给我的印象除了普通，几乎没有什么鲜明的特点，但是他的表情却触动了我：紧锁的眉头暗示着纠结，迷茫的双眼流露出绝望，紧张的面部肌肉表达着痛苦，微张的嘴巴发出急促的呼吸声。显然，刚刚经过众媒体长枪短炮的拍摄与追问,让他惊恐和不知所措。

“想哭就哭吧！在这里可以不用压抑自己的情绪。”在我的“鼓励”下,他真的哭了起来,而且声音越来越大,并不停地念叨:“我完蛋了……再也没有人尊重我了……我对不起家里人……”他的脸涨得通红,面部肌肉在不停地颤抖,鼻涕都流出来了。我默默地注视着他,体会着他内心的感受。

几分钟后,他安静下来了,才缓缓地和我吐露心声。

于海出生在河北农村,家里有三兄弟,他排行老大,父亲是一个严厉而不苟言笑的人。家庭的环境及文化的背景让他成为了一个责任感强、心地善良,并有着执著追求的人。于海也曾幻想过自己的未来,但父母却没有能力更好地培养他,他只能做一个和父亲一样面朝黄土背朝天的农民,这使他多少有点儿心有不甘。

小学文化程度的于海在亲戚的撮合下娶了一个高中文化的妻子,他没有想到,这不仅没有成为他骄傲的资本,反而铸成了他内心深处的自卑情结。终于有一天,因不堪忍受妻子整日的唠叨和对他一贯的蔑视,于海只身来到北京做服装生意,并发誓一定要做出点儿成绩来让妻子刮目相看。但是,两年后,于海的生意以失败而告终。他没想到,这次的冲动非但没有得到妻子的半句安慰,反而换来的是她更多的指责和嘲讽。

于海骨子里的倔强让他不甘心就这样灰溜溜地回去,于是他带着沮丧的心情孤独地坚持着,留在北京继续寻找挣钱的机会。

虽然只是小学毕业,但是于海头脑灵活,加上他勤奋好学,终于在熟练掌握了餐饮面点技术之后,从一个普通的餐厅杂工,成为了一名合格的厨师。一个穷困潦倒、四处打工为生的农民工,终于有了一些自己的积蓄,可以凭借一技之能随意跳槽,并萌发了自己开饭店、做老板的梦想。这一切的变化,除了他自己的努力,还有一个重要的因素,就是一个女孩子的出现。

这个女孩子名叫小丽(化名),只有20来岁,他们相识于4年前于海最落魄、最沮丧的时候。那时他们在一起打工,随着彼此频繁的接触,逐渐产生了感情,并有了同居关系。由于年龄的悬殊,于海对小丽呵护备至,照顾得非常周到,使得小丽非常依赖他,并且对他每一个决定都非常支持,这使于海感受到了前所未有的温暖,也让他内心渴望被尊重和被认可的需要得到了极大的满足。在他们共处的 4 年里,于海的每一分成功都源于小丽对他的那份尊重和依赖,让他有了做男子汉的感觉,这种感觉唤起了他曾经对美好未来的憧憬和梦想。

正当他踌躇满志地为自己开饭店做准备的时候,小丽有了新的男朋友,并开始找各种理由疏远他。这对于海来说无疑是一个致命的打击,用他自己的话说:“这四年的相处已经让我对小丽产生了依赖感,尽管我知道我们不可能永远在一起,因为我的年龄比她大得太多,而且我是个有家庭的人。虽然我没有理由阻止她去交男朋友,但这四年是我人生最美好的时光,和小丽在一起,我觉得自己更像男人,活得非常充实,我事业的发展也离不开她的支持……”

终于,两人在分分合合、纠缠不清的关系中爆发了巨大的冲突。经过努力还是未能挽留住小丽,于海的心理防线彻底崩溃了。尤其让他不能容忍的是,小丽的男朋友也加入到这场“战争”中,并不断地用恶毒的语言激怒和攻击他,使他完全失去了理智。在某天的冲突中,怒不可遏的于海买了打火机和汽油冲进了小丽的出租屋,要求小丽和他一起走,不然就要点火与之同归于尽。看着小丽对他不屑的表情和冷漠的态度,于海彻底绝望了,他用颤抖的手点燃了打火机……

就这样,一把火烧毁了于海的希望和梦想,更是摧毁了他的尊严及内心的价值感。对他来说,“一切到了世界末日”。

专家剖析

为谁奋斗

用了一个多小时听完这样一个沉闷的故事,我似乎也经历了于海辛苦而乏味的人生。他缓慢地讲述着,完全沉浸在对往事的回忆中。他把每个细节都描述得非常仔细,似乎希望改写故事的结局。他不愿意回到现实中来,因为他无法承受这样的结局,他认为这个结局意味着他一切都完了。

只有与小丽相处的这4年让于海的生命充满了生机和活力。这种感受激励着他不断努力提升自己的工作能力,并更加自信地一步步向更高目标迈进。这就像一场赌博,当沉溺在一时的快感中难以自拔时,就容易忽略其背后隐藏的巨大风险。于海就是把这一时获得的心理满足当成了自己人生的全部,忘却了家庭,忘却了责任,更不愿意面对现实中的各种隐忧和矛盾。

在他和小丽的关系中,让于海难以舍弃的并非小丽本人,而是在亲密关系中那种被认可和被崇拜的感觉。这是他内心最缺失的部分,也是激励他不断奋斗、向更高目标奋进的动力来源。对他来说,成功的意义在于让别人看得起,被人尊重,尤其是能让妻子对自己刮目相看,以及得到父亲的认可。

人的心理发展是我们在成长过程中通过不断的模仿和认同,逐渐形成自我意识并发展形成独立的自我而获得心灵成长的过程。在家庭中,父母往往是孩子模仿和认同的榜样,所以父母的人格特点、价值观及行为方式,都能最直接地影响孩子,并通过认同成为他们人格的一部分。

在于海成长的过程中,父亲对他的影响是最大的。在农村几千年来的封建思想尚未根除的特殊背景下,大男子主义的权威感占绝对优势。又由于他是家中的长子,肩负着父母更多的期望和责任。于是在认同父亲的同时更希望成为父亲那样有力量的人,成为家庭中的权威。

在父子关系中,父亲的严厉使他处于弱势地位,无法超越父亲形成了他内心的压抑。而当他有了自己的家庭之后,学历比自己高、工作比自己好的妻子明显处于强势地位。在妻子眼里,他并不是一个可以崇拜的对象,这对于海的内心来说,更是难以接受和无法容忍的。

当一种需要长时间被压抑时,往往会激发更强烈的欲望,一旦有适宜的土壤,立即就会生根发芽。于海便是如此。每当妻子对他恶语相加、冷嘲热讽的时候，都让他内心的愤怒更加膨胀，他渴望用一种方式证明自己的强大，能在家中获得认可和尊重。

这就是他为什么会把小丽的离去当成“失去了一切”，甚至偏执地认为，是小丽的欺骗毁了他的梦想。

人们总在探寻生命的意义，这也成为现代人最大的心理困惑之一。有人说生命的意义在于事业成功，而事业的成功对每个人而言又有着不同的心理内涵。对于海来说，4 年的努力证明了他的能力，并有了相应的回报。但心理的偏差和人格的缺陷却使他在面对问题时不能正确评估和认知，并以极端的方式处理和解决，其结果不但失去了所拥有的一切，还要为自己的行为付出巨大的代价。

我们的交谈接近尾声时，我问他此时的感受，他站起身来，向我深深地鞠了一躬，然后大声地说：“我一定好好改造，争取早日出来，回报社会，回报我的家人，做一个真正的男子汉！”

交谈中，于海不时地说：“我最对不起的是我的家人！我以为他们知道我犯罪后会更看不起我，没想到，他们一个人也没有抛弃我！父亲从没有这么温和地和我说过话，他要我好好改造，早日出来。我原以为妻子要和我离婚，没想到她却说会和孩子一起等我回家。”话至此，于海已经是泣不成声。（文/张雅萱）

No.34 心灵对话:家庭暴力引发的弑父案

——在成长中要学会“表达情绪”

[引言]

在父亲咄咄逼人的语言刺激下,他把手里的水果刀刺向了父亲……

心理专家告诉我们:父亲是一个控制欲强、性格偏执、情绪压抑的个体;母亲是个柔弱、忍让、缺乏主见的角色。这个家庭完全是由父亲的易怒情绪和暴力行为所控制。梁欢在认同父亲的同时,对父亲有着强烈的愤怒。他希望像父亲一样强大,并得到尊重和认可。但在家庭中没有学习到如何表达情绪,父亲也不会——这对父子就像两个膨胀的气球,一定会在某个碰撞的时候爆炸。

非常故事

“我真的不想杀人!”

坐在我面前的梁欢(化名)是一名2007级的大学生,如果不是坐在这里,他现在应该读大三了。见到他之前,我一直在猜想:他到底是个怎样的孩子?

当法警将他带进法庭时,我看到了一张稚气的脸。不同的是,恐惧和忧虑写满了这张本该活力四射、青春洋溢的面孔。

梁欢个头不高,皮肤白净,身上的囚服像一个坚硬的壳,扣在他瘦弱的躯体上,形象地折射出他内心被禁锢的状态。他的眼神始终是逃离的，不敢正视任何人。他说话声音很小，除了恐惧，更多的是对人的不信任。

“你能谈谈整个事情的过程吗?”我问他。

“也没什么好谈的，就是父亲管教我太严，我不愿意，发生冲突，不小心杀了父亲……”他的回答很简单，语气中带着无奈和无助，表达中没有任何情绪色彩。

和他沟通起来很困难，看似他不愿意说太多的话，但我却明显地感觉到这孩子长期压抑的情绪，一直找不到宣泄的出口，既不敢表达，也不会表达。这不禁让我心里一阵难受，这是一个多么需要关注的孩子啊!

一年前的那个晚上，因为是周末，同学找梁欢一起出去玩。当梁欢请示父亲时，没想到父亲不但不同意，还当着同学的面对他破口大骂，这让梁欢感到很没面子。于是，一向对父亲敢怒不敢言的梁欢终于爆发了愤怒的情绪，和父亲争执起来。

父子俩就像两颗同时起爆的定时炸弹，那种能量碰撞的爆发力可想而知。终于，在父亲咄咄逼人的语言刺激下，梁欢手里的水果刀刺向了父亲……

从小到大，梁欢都是在父亲的控制下成长。父亲事无巨细，除了在生活上无微不至地照顾梁欢外，对他的教育也异常严格，并且任何事都得遵照他的安排，否则就会招致打骂。母亲一向逆来顺受，也动辄被父亲施暴。梁欢从小就一直惧怕父亲，又得不到母亲的保护，于是在他的个性中有强烈的不安全感和对人的不信任感。他的生长环境充满着恐惧和压抑。

梁欢的父亲是个能力很强并追求完美的人。从他的事业中能感到他的追求和理想。他的付出也得到了相应的回报，从山东的发展到立足于北京，每一级台阶都留下了他奋斗的痕迹，也更体现了他是一个很有能力的人。在人格上，他却是一个有缺陷的人，在情绪方面表现为易怒、压抑，在行为层面通常用暴力和自残的方式来解决问题，这些都是不成熟的防御机制所导致的，是他成长过程中形成的人格特性。

在父亲面前，梁欢变成一个“胆小”的孩子。每次父亲发脾气，他都“怕得要命”。即使上了大学，父亲也要求他周末必须回家，否则就会去学校找他，“每次周五回家的时候都非常紧张，情绪也很郁闷，但到周日回学校的时候心情就格外得放松。”这是一个被压抑的孩子内在的情绪无法宣泄的表现。

像梁欢这个年龄的孩子，正处在需要自主、完成自我同一性的重要阶段。所以，梁欢发展出来的行为模式就是在人际关系中没有知心朋友，以自负和冷漠来维护内心微弱的自尊，情绪方面也和父亲一样：易怒、压抑、性格极端、偏执，这是他对父亲高度认同的结果。一旦将来走向社会和建立家庭，很有可能和父亲一样，暴力将是他解决问题的唯一方法。

梁欢的话对我触动很大，我努力地和梁欢沟通，希望能够多给他一些帮助，我知道他需要支持，需要关爱。

当我对他说“我和你的父亲同龄，在我面前，你就像我的孩子一样，希望能够帮到你”时，他低下的头猛地抬起来了，看了我一眼，我看到他的眼角湿润了，并闪出一丝光亮，然后轻轻地叹了一口气。我感受到了他一直绷紧的状态稍稍松动了一些。

梁欢所有的家人都极力为这个孩子说情，希望能给他更多的机会。就连公诉人和法官，说起梁欢时，声音中也带着同情和怜惜。

专家剖析

是谁导演了家庭悲剧

这个个案让我再次看到了因家庭系统关系失衡而导致的家庭悲剧，家庭中的每个成员都在这场悲剧当中受到了很大的伤害。父亲付出了生命的代价，孩子也因此由一名前程似锦的大学生变成了“杀人犯”。那么，究竟是谁导演了这场悲剧呢？

在和梁欢沟通的过程中，我看到了这样一个孩子：深深的恐惧伴着强烈的自责让他无所适从，他不会表达情绪，他不相信有谁能帮助他。

从案发到现在已经一年多了，他还处在一个“木僵”状态，这个状态是人们面对重大创伤时对心理的一种保护状态。因为当一个重大打击出现时，人们无法一下子适应和接受现实的丧失，经过这样一个缓冲过程后才能逐渐有能力去体验和承受痛苦，然后再通过各种方式逐渐去修复心灵的创伤。显然，梁欢还没有能力来面对如此重大的创伤。

人是有成长阶段的：3 岁前孩子最需要母亲的呵护和亲近，如果这个阶段没能建立良好的依恋关系，孩子的人格中就会形成回避和对人的不信任感；3～6 岁是孩子人格形成最关键的时期，这一时期是向同性父母认同并体验控制和反控制的冲突。如果这个阶段发展不好，就会在性格中形成自卑情结和压抑的情绪，不能很好地表达自己的情绪情感；6～13 岁是孩子学习建立同伴关系、养成良好习惯的时期，这一时期父母是孩子最好的榜样，孩子会在家庭中模仿父母的沟通和行为方式，然后内化到自己的人格当中，逐渐形成自己的人际关系模式；而青春期的孩子出现问题往往是之前的某阶段没有发展好的体现，这一时期的孩子是要求自主同时又需要指导，既高度关注自己，同时又开始对异性有好感，并有性的冲动和欲望。这时期过度被压抑会导致个体情绪无法释放，向内攻击自己出现抑郁、焦虑症状，向外难以控制情绪易出现冲动行为。

从梁欢的成长历程来看，他不但是家庭暴力的受害者，而且在成长的每个阶段都没有发展好。从出生开始，梁欢就饱尝了因父母关系失衡而带来的恐惧和惊吓。父亲是一个控制欲强、性格偏执、情绪压抑的个体；母亲是个柔弱、忍让、缺乏主见的角色。父亲角色的过度强势导致母亲角色弱化到几乎不起作用。这个家庭完全是由父亲的易怒情绪和暴力行为所控制。母亲的柔弱使孩子无法与她建立安全的依恋关系。所以，在心理上，梁欢是极度缺乏安全感的，在感受父亲简单粗暴的教育后又无法得到母亲的保护和支持，恐惧伴随着他的成长。

这些导致梁欢在人际关系上，通常是回避和对人不信任的。在认同父亲的同时对父亲有着强烈的愤怒，形成了他矛盾的人格特质。他希望像父亲一样强大，并得到尊重和认可。但父亲并不给他这个机会，尤其都上了大学了还要遵从父亲的命令。

在和父亲的抗衡中,他永远都是弱者。所以,梁欢只有在人际关系中表现出冷漠和清高来维护自己的尊严。在家庭中没有学习到如何表达情绪,父亲也不会。因此这对父子就像两个膨胀的气球,一定会在某个碰撞的时候爆炸。

在这场悲剧中失去生命的是父亲,而梁欢也将背负终身的创伤。这个打击显然对他来说是太大了。很难想象,这一年梁欢是怎样度过的。他回避家人,因为他感觉对不起家人;他不表达情绪,因为他不相信有人能帮助他;他没有眼泪,因为一旦流泪他会支撑不下去。

我清楚地看到,这个貌似坚强的男孩急需心理危机干预,否则靠他自己这样苦撑下去,会出现更大的问题,也许他会活不下去。

我希望在专业人士的指导帮助下,在亲人给予的宽容与关爱的心灵支撑下,在社会大环境的帮扶下,梁欢能平稳地度过这个心理危机,并反思自己的人生,修复好心灵创伤,直面未来的人生。

毕竟他还年轻,未来的路还很长。(文/张雅萱)

No.35 心灵对话："恋物成瘾"的男子

——孩子需要尊重与认可

[引言]

这个34岁的男人，专门盗窃女性用品。他表现出的症状，在心理学上称作"恋物成瘾"。

心理专家告诉我们：心理问题的形成，往往和个体的成长环境及家庭的教育模式有很大的关系。在情感上从小就被父母忽略的他，内心形成了自卑的情结。在自己的婚姻中，他又沿袭了原生家庭的模式，逐步成了被动和受人支配的角色。他的恋物，出于内心主动占有的欲望。

非常故事

难以启齿的内心冲动

孙国平（化名），34岁，中等个头，不胖不瘦，黝黑的脸庞上那一双浓眉大眼为其增添了几分帅气。坐在我面前的他，表情和态度都非常冷漠，眼神中充满了抗拒和怀疑，一副拒人于千里之外的样子。

孙国平的罪名是盗窃罪，而他盗窃的动机却并非为了钱，而是那些悬挂在晾衣架上的女性内衣。他的这一行为让法官很好奇，"为了得到那些旧的女性内衣，去冒这么大的风险，甚至不惜采用犯罪的方式，这实在让人难以理解”。

我打量着他，并没觉得他与常人有什么不同。只是感觉他性格内向、不善表达。而他这种对人的戒备和冷漠，注定让他在现实生活中不讨人喜欢。从他的态度中明显发现，他是一个缺少人际关系、内心孤独、性格孤僻的人。

孙国平一直用抗拒的语气和我说话。我启发他很久，他只用“你问吧”、“没什么好说的”这样的语句来回答。和他的谈话在凝重的气氛中艰难进行着，沉默在此时更是一种无声的表达。这其中包含着复杂的情绪、彼此的较量、相互的猜测和揣摩。

我突然觉得，孙国平的生活大概就是如此，他一定生活在一个充满张力的世界里。他的人际关系如此，他的家庭关系如此，他的内心是寂寞的，他的情感是冰冷的……

随着交流的进展，这些感受得到了证实。慢慢地，他开口了，用低沉的语气开始讲述他的故事。

“我的老家在安徽桐城县农村，七年前我和老婆一起来北京做生意。我老婆很能干，一切都是她说了算。生意主要靠她打理，我只负责送货。家里的事也不用我管。平时我除了和几个老乡喝喝酒，别的什么事都没有了……”

“看起来你生活得很舒服哦。在北京做事不容易，很多人都在全力打拼，也未必能站得住脚。而你却不用太操心，还能生活得不错。”为了能让他更多地敞开心扉，我这样问他。

“我老婆确实很能干，但她的脾气太大，动不动就骂人。每次被她骂后，我都很压抑，每当这个时候我都会出门，去找老乡喝酒，如果没人喝酒，我就会一个人在街上逛，逛到很晚才会回家。”孙国平说到这，情绪有些激动，但很快就被眼神中掠过的一丝无奈所取代，随即深深地叹了一口气。

我能感觉到，他真的很压抑。

“有一次，老婆又为一件小事对我破口大骂。我非常生气，就夺门而出。当我走到一个小巷里时，无意间从一家窗户看到屋里晾有女人的内衣，就情不自禁地多看了几眼。突然感觉到身体有些冲动,既紧张又兴奋,于是不由得动了想把它们偷出来的念头。看到屋里没人,门锁又很好撬,就轻易地把这些内衣拿到手了。从那以后,只要是看到有女人内衣,我就会想方设法地去把它们弄到手。送货时我把它们贴身穿在身上,会觉得格外有激情,心情也会好很多。慢慢地,我的胆子越来越大了。尤其是被老婆骂或被顾客骂时,这种冲动就会更强。有时在偷内衣的同时,也会顺手牵羊地带走一些钱或手机什么的,其实这些东西远远不如内衣更吸引我。”说到这里,孙国平似乎觉得很委屈,他把头埋得很低,说话的声音也变得更小,语气中充满了无助与无奈。

“我并不想犯罪,但就是见了那些东西控制不了自己,这些东西能让我兴奋并获得快感。”

专家剖析

是什么使他步入歧途

因为喜欢女人内衣而去盗窃,听起来似乎不可思议。通过这些东西来满足性的需求,从而获得性快感,更会让人觉得像是“心理变态”。

那么,孙国平是否存在心理问题呢?

孙国平表现出来的症状在心理学上称作“恋物成瘾”,是指在强烈的性欲望与性兴奋的驱使下,反复收集异性使用的物品。

心理问题的形成,往往和个体的成长环境及家庭的教育模式有很大的关系。

孙国平出生在安徽省的一个农村,在家排行老二,上面有一个哥哥。勤劳的父母为了摆脱生活的贫困,逐步走上了经商的道路。父亲整天忙于生意,无暇顾及家庭;母亲务农又操持家务,也几乎没有精力照顾年幼的孩子。随着哥哥的长大,也开始帮父母一起做生意。唯有孙国平一直跟着奶奶生活,父母从不让他做任何事情。

在情感上从小就被父母忽略的孙国平，内心形成了自卑的情结。在他的成长过程中，尽管父亲是很好的榜样，但在认同父亲的同时，却无法成为父亲那样能干的人。再加上有哥哥的比较，孙国平更是在家庭中处于弱势的地位。在原生家庭中，他看似被过度保护了，但在心理层面，他是不被尊重和认可的。

孙国平的婚姻也是由父母包办的。父母帮他选择了一个非常能干、性格泼辣的妻子。这从某种意义上来说，也是对他能力的否定。果然，结婚后家里家外一切都由妻子说了算，并且妻子把里里外外一切都料理得非常好。在自己的婚姻中，孙国平又沿袭了原生家庭的模式，逐步成了被动和受人支配的角色。

慢慢地，妻子也从对他无微不至的照顾变成了整日的唠叨，甚至打骂。"窝囊废"、"不是男人"、"没本事"这样的词语，成了妻子的口头禅，并为其贴上了"无能"的标签。孙国平不敢反抗，因为在他的婚姻里，妻子的强势早已注定自己必然处于弱势的地位。

然而，人都是有欲望的。被压抑的欲望总要以一种方式通过一个渠道得以宣泄。

性是人类本能的、最原始的需要。性压抑会导致心理的变化，严重的会出现心理问题或心理障碍。对男性而言，性往往又与尊严、能力等相联系。男人的性无能也常常被看作是没有尊严的象征。

就像孙国平，因为父母的无暇顾及，从小就成了一个被忽略的孩子。尽管有奶奶的照顾，但在情感上，他是极度缺乏的。在他的潜意识当中被译为："因为我不好，所以没人爱；因为没人重视我，所以我是个没用的人。"这种心理暗示在他的人生中起到了极其重要的作用，包括自己的婚姻，都无法自主，而是由父母决定。

婚后妻子的强势，更让孙国平没有机会成为男子汉。可悲的是，他并没有通过努力去改变自己的命运，而是选择了用逃避和压抑的方式应对和反抗，这逐渐形成了他应对问题的防御机制。尤其是到了北京之后，人生地不熟，加之他又不善交际，人际圈子仅限于几个老乡，精神上的空虚和寂寞更是无法排解。

而偶尔获取的女性内衣，让孙国平心理上获得了很大的快乐，激发了他内心主动占有的欲望。尤其是当他把这些内衣穿在自己身上时，就好似自己占有着某个女人，性的冲动让他充满激情，并感觉自己的能力提升了，一直以来那种自我的否定和被他人的否定顿时被自己控制和驾驭的感受所取代。这种心理上的满足让他觉得自己变得强大起来，所以当他穿上这些内衣开车送货时，心情是轻松和愉悦的，他觉得这时候自己是个真正的男子汉。

在和他谈话的一个多小时里，也只有谈到这些话题时，会让他稍稍振奋。但同时，他也为此痛苦和纠结着。毕竟，在他的意识里，这是不光彩的行为，如果让人知道了，一定会被骂成"变态"、"精神病"等。

对孙国平来说，一方面不能接受自己的"病态"行为，也认为自己得了"精神病"，另一方面内心却无法抵挡那些物品的诱惑。毕竟那一刻心理的满足，实现了他内心埋藏已久，压抑而不得在他生命中获得的自我价值的需求。这对一个人，尤其是对一个男人来说，是何等的重要啊！

在咨询即将结束的时候，我问孙国平此时的感受。

"从来没有一个人这么温和地和我谈话。我一定好好改造，争取早日出来，做一个真正的男子汉！"他在努力地表达自己，似乎在希望大家不要对他失望。（文/张雅萱）

后记

打开一扇心灵视窗

一批人共同努力了多年,才有了今天的这本书。

这批人,是北京市法院系统从事未成年人审判工作的法官和领导、多名奋斗在一线的心理学专家和《法律与生活》杂志社的编辑。

北京市法院系统各级法院少年审判庭的法官和工作人员,日复一日与有罪错的孩子“零距离”接触;以人大附中副校长陈华为代表的心理专家,活跃在北京市著名中学的教学一线;《法律与生活》杂志社,近30年来一直致力于法律界新动向和新理念的传播。在2008年以来,大家共同做了一件意义非凡的工作。

2007年年底,常年关注青少年犯罪问题的《法律与生活》杂志社通过许多重大个案发现,“心灵抚育”的缺失已成为不容忽视的普遍问题——每个铁窗内的青少年都有或大或小的心理问题,且都与父母“教育不当”或“养而不教”有关。于是,杂志社决定自2008年1月起,开通一个专门探究“问题少年”背后的“父母问题”的专栏。在讨论这个专栏如何做、做成什么样时,主编将其定位于请心理问题专家走进北京市的少年法庭,在聆听案情并和接受审判的青少年直接交流后,找出这些孩子的“心病”并把这些个案写出来。

在责任编辑杜智娜就杂志社的设想和心理专家及北京市各个法院的未成年人审

判庭交流时，大家欣然同意共同做这件事情。这个专栏便应运而生，名字被定为“心灵视窗”。

于是，自2008年1月起，北京市法院系统在少年法庭增设了一个席位——心理专家席位。在此后整整三年时间内，心理专家通过聆听35个个案的庭审并和涉案青少年面对面交流，找出了所有类型“问题孩子”的心理问题——这些问题，每个孩子都会遇到。处理得当，人生风平浪静；处理失当，人生惊涛骇浪。

在法庭增设心理专家席位，实在是一个创造性的举动。它的价值绝不仅是帮助了那些有幸获得心理帮助的孩子，也不限于通过《法律与生活》杂志的传播从相关案例中有所收益的读者，更在于让亲历这一工作过程的法官和相关法院认识到了这样做的社会意义和价值。

北京市法院系统对未成年人案件审判工作的重视程度，是有传统的。在近距离感受到心理专家席位的价值之后，他们把这样的审判工作形式当做了一种模式推广开来——他们希望在法庭内外和孩子们深度接触的心理专家开出的药方，让更多的孩子受益。

这本书，应运而生。

它承载着北京市法院系统从事未成年人案件审判工作的法官们的心愿，也承载着心理专家和《法律与生活》杂志社编辑的心愿。这个心愿，就是给更多的孩子打开一扇心灵视窗，让孩子学习如何与人交往、沟通并应对各种“心理冲突”；让更多的家长通过一个个鲜活个案，了解专家开出的“心灵抚育”秘方；让从事未成年人刑事案件审判工作的法律人知道，如何从内心深处根治“问题少年”的心病。

——本书编辑

图书在版编目(CIP)数据

健康心灵胜过优异成绩:心理专家教给我们做“阳光孩子”/《健康心灵胜过优异成绩:心理专家教给我们做“阳光孩子”》编委会编. —北京:法律出版社,2012.11

ISBN 978-7-5118-4196-4

Ⅰ.①健… Ⅱ.①健… Ⅲ.①青少年—心理健康—家庭教育 Ⅳ.①G479

中国版本图书馆 CIP 数据核字(2012)第 254743 号

责任编辑/杜智娜　　**装帧设计**/王卫平

出版/法律出版社　　**编辑统筹**/法律与生活
总发行/中国法律图书有限公司　　**经销**/新华书店
印刷/北京中科印刷有限公司　　**责任印制**/张建伟

开本/720 毫米×960 毫米　1/16　　**印张**/14.75　**字数**/180千
版本/2012 年 11 月第 1 版　　**印次**/2012 年 11 月第 1 次印刷

法律出版社/北京市丰台区莲花池西里 7 号(100073)
电子邮件/info@ lawpress. com. cn　　**销售热线**/010-63939792/9779
网址/www. lawpress. com. cn　　**咨询电话**/010-63939796

中国法律图书有限公司/北京市丰台区莲花池西里 7 号(100073)
全国各地中法图分、子公司电话:
第一法律书店/010-63939781/9782　**西安分公司**/029-85388843　**重庆公司**/023-65382816/2908
上海公司/021-62071010/1636　**北京分公司**/010-62534456　**深圳公司**/0755-83072995

书号:ISBN 978-7-5118-4196-4　　**定价**:32.00 元